咱ㄟ囝仔 咱來教 咱來惜

吳羿、高玉美等——著

目錄

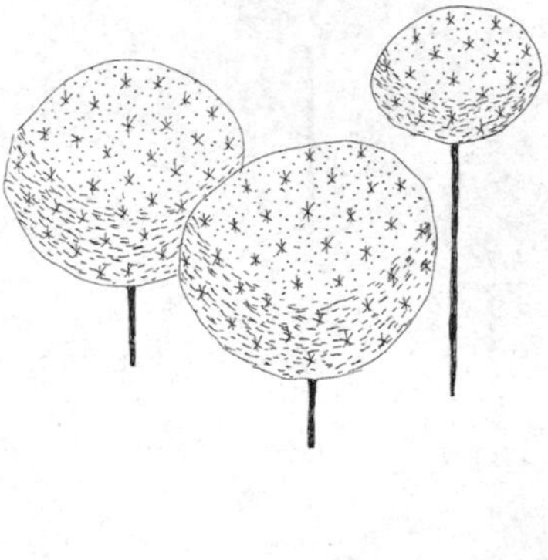

輯二／春風縈繞百花香

【發揮所長】

【後記】孩子應該被善待／陳美羿

註：本書所提課輔孩童姓名均為化名。

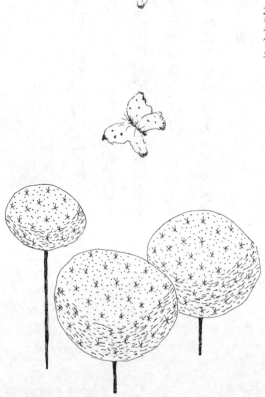

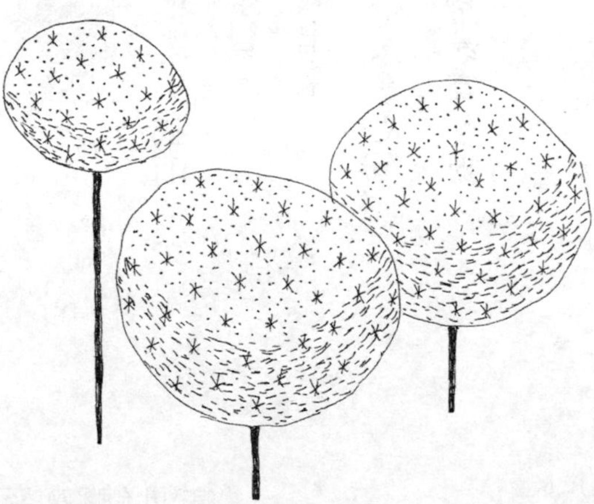

推薦序／「柑」之如飴

文—林弘展

還記得二〇一九年十一月，收到一篇新聞稿，光是標題，我前後修改了三次，因為文稿內容，每讀一次，就有不同的感覺。

當時，為了要下一個好標題，我將新聞稿的精華截取出來：

慈濟在三重區的新芽課輔班，緣起資深志工江柑的一念悲心，為一個失去雙親又有些封閉的孩子，尋找家教老師，要用教育幫助他有好的未來，至今走過近十二個年頭。

幫弱勢的孩子找老師教導課業，也要為前來擔任課輔志工的老師安排小朋友；一教、一受恰恰契合，江柑往往需要「喬」得剛好，她更關心孩子的學習情況，適時家訪，深入了解每一個小朋友的需求。由於一對一教學所需師資量大，尋覓良師為孩子教學解惑，一直是江柑多年來努力不懈的任務，也是課輔班志工的全民運動。

善與愛似乎能產生一股渲染力，源源不絕，三重新芽課輔班逐漸傳開，有年輕人聽了分享很感動，主動從外縣市帶著教育的熱忱前來。本職是警察的陳晉煒就是其中之一，在他號召之下，影響了數十位朋友、同事前來參與課輔志工。

江柑指出，每一個因緣到哪裏，該做什麼事就去做什麼事，隨順因緣。但仍會碰到老師不足的狀況，江柑向菩薩祈求：「再怎麼累都沒關係，只要孩子有人教就好」。

在對江柑其人、其事及其照顧弱勢孩童的有限文稿資料中，最後定案的標題是：關懷弱勢孩童「柑」之如飴十二載。

有因緣為《咱ㄟ囝仔咱來教 咱來惜——1對1‧愛心課輔班》

這本書寫序，讓我從原本只看過新聞稿，至透過書中章節，逐漸引領著我對她關懷弱勢孩童的信、願、行，有更深的了解。

課輔班成立的因緣，是江柑對一位弱勢孩子一念不捨，進而串聯出善與愛的漣漪效應，為了讓弱勢孩子有著完善的課後輔導機制，也藉此因緣接引社區關懷弱勢的善效應。

在她的努力下，課輔班的孩子從一位到整班，課輔志工群也遍布退休公務員、老師、專業人士、大學生等各年齡層。而三重區的香積志工提供老師晚餐、大愛媽媽為孩子上人文課，也都成為很重要的助緣。

這本書收錄的每一篇文章，不只可以看到每一位作者寫作功力深厚的筆觸，更重要的是，每一篇文稿的呈現，就如同拼湊出對一位無私奉獻者的感動拼圖。

（本文作者為 TCnews 慈善新聞網總編輯）

推薦序／

心靈富足，看見希望

文—蔡青兒

《咱ㄟ囝仔咱來教咱來惜——1對1・愛心課輔班》這本書，述說著陪伴與愛的故事，沒有血緣關係的一群人，默默地以父母心，在社會角落給予孩子們不間斷的關懷。

其中有缺乏父母照顧的孩子，也有來自外籍配偶的新臺灣之子，需要更多的力量，使他們適應這個社會；而不喜歡讀書的孩子，再難，也會想盡辦法讓他來上課。江柑，就是這個課輔班的園長，她像「阿母」與「阿嬤」，總是給孩子信心，也讓一起陪伴的志工充滿希望。

在臺灣社會，普遍的家庭都是幸福的，可能很難想像，社會裏面還有許多需要被愛的人。當他們的人生遇到挫折，甚至突然覺得天塌下來了，那個時刻找不到依靠，心裏面是如此著急，但還好這個社會還有一群人自願奉獻，為他們解決問題，陪著他們跨過一關又一關的考驗，更鼓舞他們跨過陰影，走向光明亮麗的未來。

二〇二一年是慈濟創立五十五周年，超過半個世紀，證嚴上人引領全球慈濟人，走入社會各個角落，用愛撫慰每個需要的人；就如同慈濟的開始，上人親自帶著志工們走訪長街陋巷，走入平常人無法走進的地方，關懷到真正需要的人，這一直是慈濟人秉持的初衷。慈悲濟世，大愛無邊，上人教導我們用大愛和感恩的心，為這個社會付出。

三年前開始，靜思書軒團隊去到臺灣各個鄉鎮的校園，設置「靜思閱讀書軒」，至今年四月底，已達一百五十五所校園。我們將五百種推薦好書，加上福慧桌椅等送到校園，希望提供一個寧靜的閱讀、交流空間，讓人靜靜思考生命的方向。而在許多校園的靜思閱讀書軒，除了給孩子閱讀書本，也同時成為課輔的空間。

記得在臺東，三民國小鍾敏華校長曾經與我們分享，在這裏求學的孩子許多來自隔代教養，因此下課後，校長鼓勵孩子們可以留在這個空間，晚自習也好，閱讀也好，或者進行各種課後輔導。他說有一次，一位棒球隊的成員突然情緒失控，一直罵人，也不吃飯，任何人勸導都沒有辦法。後來老師請他到靜思閱讀書軒，他只好在架上拿了一本書來讀。

後來他一邊讀，情緒慢慢緩和下來，開始安靜看書。過一會兒，他跑去向老師說對不起，還說他不會再亂生氣，因為他在書上看到生氣是一種無能的表現，就像《靜思語》裏面的一句話「生氣，是短暫的發瘋」。

孩子也好，大人也好，都需要陪伴。無論是透過一個問候、關心，或一本書籍、一句話，人與人之間需要多一點關懷，愛可以讓一個人的生命發光發亮，也可以在黑暗中找到閃閃發亮的星星。

希望我們的社會可以有多一點星星，如同證嚴上人說過的：「天上最美是星星，人間最美是溫情。」社會多一點關懷，就會少一點仇恨；多一點祝福，就會少紛爭；多一點溫暖，就會少遺憾。

很歡喜，看到一本好書的誕生，裏面都是真實人生的故事，走入不同的生命，更是長期的陪伴，每一篇文章讀後都讓人心靈富足，看到愛與希望。而除了感恩每一天的平安，更提醒自己要積極為社會人群付出。知福，惜福，再造福。

（本文作者為靜思書軒營運長）

作者序／我有話要說

文—陳美屛

大概八年前吧，慈濟人文志業中心期刊部委託我帶實習生去採訪，幾次到三重新芽課輔班，我都深深被震撼、被感動，心裏默默地想為他們企畫一本書。

因緣直到二〇二〇年底才成熟。為了讓更多人參與，我在文字志工群組發出訊息，徵求採訪撰稿者，沒想到回響熱烈，總共有二十多人「舉手」。

課輔班因為疫情關係暫停，從二〇〇八年開始，到二〇二〇年截止，總共經營了十二年。學生是慈濟照顧戶家庭的孩子，來課輔完全免費；老師來自社會各界，來教學也完全無償。

提供自家場地的志工江柑，是課輔班的大家長，觀前顧後，十二年來，她沒有外出旅遊，也沒有時間參加慈濟的其他活動，一心一意，就為了課輔班順利運作。

較之一般的安親班、補習班，課輔班採一對一的教學，而且更殊勝的是，它對弱勢家庭的孩子，多了真心的關懷、陪伴和疼惜。十二年了，很多在惡劣環境中長大的孩子，沒有走上歧途，反而力爭上游，令人激賞讚歎。就像出於汙泥的清蓮，荊棘中的玫瑰一樣。

採訪的過程中，江柑和我幾乎全程陪伴。原本不熟悉的三重，那段時間我幾乎天天報到。去過每個孩子的家，訪談過每一位發心的老師，每每都讓我動容無比。

課輔班和江柑的付出無法被量化，但是我們知道，拯救一個孩子就是拯救一個家庭，也應該會減少很多很多社會問題。因為生命中曾被愛過，長大後也才知道怎麼去愛人。

我希望課輔班的故事能夠讓大家都知道，要做善事，不必遠求。就在身邊，如果發現需要幫助的人，不要冷漠，不要視若無睹，特別是孩子，他們是這麼弱小，多一點關注和善待，不是很難吧？

江柑沒有強求什麼，因緣來了，她沒有拒絕而已。希望這個世界上，有更多這樣的人。

最後我要感謝所有的作者，您們真是太讚了！另外要感謝陳婉婷姊姊，她也一直陪伴，並提供資料給我們。

感恩說不盡！感恩再感恩！

楔子／用愛陪伴你長大

文—陳美羿

「我生在錯的地方，遇到對的貴人！」二十二歲的紀麗說。

「三重新芽課輔班，是一座無盡的寶庫。」智萍姊妹的媽媽說。

「對的貴人」就是慈濟志工江柑；「一座寶庫」就是江柑提供的自家會議室「變身」的「三重新芽課輔班」教室。

「課輔班一路向前走，現在回頭一看，怎麼一晃就是十二年了？好快啊！」江柑說：「十二年來，課輔的老師來來去去，前後有四百多位，總共陪伴了一百三十多個孩子。」

老師之所以「來來去去」，是因為有的人出國，有的人調職、換工作，或結婚、生子，所以流動率比較高。

有的孩子從幼稚園就跟著哥哥、姊姊來課輔班，現在都已經上大學了；而第一位「促發」成立課輔班的孩子濟正，更是成家立業，成為兩個孩子的爸爸了。

不捨

一九九三年，江柑受證為慈濟委員，跟著資深志工王靜慧做訪視，拜訪並幫助需要幫助的人。

二〇〇六年，她參加三重園區成立的第七屆青少年成長班（慈少班），擔任隊輔媽媽。班上有一個女孩叫做倩倩，倩倩的父親在前一年去世，母親住在安養院。「那年十月，倩倩的母親也去世了，留下她和姊姊、弟弟，祖母由南部來照顧三個孤兒。我們去參加告別式，看到幼小的弟弟濟正，好心疼！」

「小弟弟非常封閉自己，只要有人去他家，他就躲進房間，埋在棉被裏。」訪視志工陳玉蘭對江柑說：「你有機會，要多招呼招呼他。」

江柑因此常去關心祖孫四人，發現濟正非常害羞，功課也不好，更加心疼。

十一月十二日，慈少班舉辦八里愛心教養院的參訪活動，江柑打電話去黃家，正好是濟正接的。「我們要去八里教養院，姊姊去，你也一起來好嗎？」

跟江柑日漸熟悉的濟正居然一口答應。一趟教養院之行，濟正和另一位也是江柑關懷的祖文，兩人合作為殘障的院童餵食，濟正從此打開心門，不排斥與人接觸。

濟正功課跟不上，他會更自卑，所以江柑就找一位大姊姊去教他。在這之前，王靜慧結合慈濟的「慈青（大專生）」和「慈青學長」，去為照顧戶的孩子做課業輔導，每個月一次。

江柑找了一位「慈少（高中生）」陳明瓊去濟正家為他課輔，

有一張照片背面寫著「十一月二十七日」。

「那是第一次，我騎摩托車載陳明瓊去的。」江柑說：「後來換了一個大哥哥吳坤霖，地點換到三重園區，我必須接送濟正。」送來送去，挺麻煩的，江柑覺得自己家裏二樓的會議室空間很大，何不就在家裏課輔，她也可以照顧到公司和家務。

課輔老師又換了郭子峰，因為高中在學學生課業繁忙，不穩定。若老師臨時不能來，江柑就「拜託」會計師兒子謝鎮懋，指導濟正的功課。

緣起

除了每週一次的課輔，江柑還拜託開辦國小補習班的廖淑里，讓濟正下課後去她的教室。等濟正上了國中，廖淑里還是讓他去自修、寫作業，但是沒有老師教他功課。江柑說：「我又向靜慧請求支援，希望有老師來教他國中的功課。」

王靜慧輾轉找到輔大的慈青蘇建凱，沒想到慈青朋友鍾孝維、林鼎軒，以及林呈隆都一起來了。

「四個老師教一個學生，資源過剩。」江柑說：「應該還有很多弱勢家庭的孩子需要輔導，空間這麼大，也不要浪費了。」

於是她發出訊息給慈濟志工，特別是訪視組，志工向家長說明後，照顧戶的孩子就一個個帶來，課輔班也在二〇〇八年二月成立了。「記得徐家的孩子，一下來了三個。」江柑笑著說：「不，是二加一。」

徐爸爸在職場中突然中風，媽媽必須照顧病人及工作養家，無暇顧及小孩。讀國小的哥哥、姊姊來了，還沒讀幼稚園的小妹妹羽真也吵著要來。江柑欣然地「收」了。她說：「我不會教，就陪她畫畫、說故事。」

有一次江柑去他們家，看見羽真騎在大哥肩膀上，跟姊姊玩「騎馬打仗」。羽真在課輔班一待就是十二年，如今哥哥、姊姊都已就業，當年在大哥肩膀上的羽真長成大姑娘，就讀建教合作的高職。

最多的時候，班上有四十個孩子，加上二十幾位老師，幾乎把教室擠爆了。每個孩子，江柑都會去家訪，認識他們的家長，了解他們的家庭。

「這些孩子，有的是隔代教養、外配媽媽、單親家庭，有的父母吸毒、酗酒、賭博、暴力、出入監獄……」江柑說：「孩子是無辜的，我們在能力範圍內，能夠拉他們一把，或許就能翻轉他們的人生。」

課輔班不是為成立而成立，而是因緣和合，自然形成的。沒想到這個偶然的因緣，一眨眼就是十二年。

請託

學生增多，除了添購桌椅，老師人數不足，更是讓江柑四處求助，務必達到一對一的教學。「十二年來，我幾乎每個星期都在『找老師』。」

慈青和慈青學長一般都在求學或職場中，大多無法持續來教學。就像最早期的陳姵君，結婚搬到臺中去，就無法來課輔班。

江柑轉向「慈二代」，志工家的年輕孩子，就是她需求的對象。她到處打電話徵求老師，就連走路、騎車，滿腦子都在想這事。

「李政緯！」有一次騎著摩托車，在停紅燈的時候，這個慈少出身，如今是臺大畢業的軟體工程師，被江柑「逮個正著」。

「政緯哥哥好讚！除了他自己來，也在網路論壇ＰＴＴ發布訊息，徵來了許多優秀的年輕人。」江柑說：「大家完全沒有酬勞，還要有耐心及愛心，不簡單。」

課輔的學生愈來愈多，江柑也到常往來的銀行向行員招手。沒想到土地銀行一下子就來了六、七位，讓她精神一振：「有了這一批生力軍，我就安心多了。」

早晨到河堤上運動，她遇到不熟識的退休老師夫婦，也主動上前自我介紹並邀約，黃振煌和姚鳳嬌老師就是這麼來的。

熱心的課輔大姊姊王衍宜在路上偶遇陌生人，攀談之下，也帶來劉欣佩、李彥汝兩位優秀的老師。她說：「江柑師姑太辛苦了，我們一定要幫她『找人』。」

補習班老師丁秀蘭、林嘉涵；職場退休的張光良、楊麗鳳；乃至幼稚園老師、國小老師紛紛加入，還有大愛電視臺的職工、外商公司的高階主管、律師、警察……如果有老師加班或臨時請假，江柑的會計師兒子和媳婦也會挺身而出來幫忙。江柑笑說：「不對！

不對！媳婦是挺著大肚子來教課……」

「我實在很感恩這些老師，他們有的住得遠，但還是不缺席地來。」江柑說：「我不會教書，我只會說『拜託』、『拜託』！」

後援

黃昏時分，江柑把一樓的門打開，站在門口一一迎接到來的老師和學生。「上去用晚餐！」每個星期一、三，七點到九點是課輔班上課時間，三重香積組團隊都會提前送來晚餐，顧好下班匆匆趕來的老師們的胃。王靜慧負責週一，王羅淑淑負責週三。

「王羅淑淑不但負責香積，她女兒也來教課。」江柑說：「後來淑淑因病往生，就由潘素真接棒。」

香積志工很用心，除了一般日子是家常飯菜外，也配合節慶，提供粽子、湯圓、刈包、油飯、春捲……給老師們另類的驚喜。

「我們不提供孩子晚餐，為的是要給家長一分責任。孩子放學後，必須在家裏吃過飯，再讓他們來上課。」但是總有沒飯吃的孩子，餓著肚子來。江柑就會叫他們去跟老師一起吃。

「吃完了，如果還有剩，我會打包讓孩子帶回家。」哪些個孩子經常沒飯吃，江柑了如指掌，也特別注意。

老師、學生到齊了，班長呼喊：「請起立、請合掌，向上行三問訊禮。」然後一起朗讀課輔班公約、慈濟十戒。

坐下，開始上課！如果發現誰沒來，江柑就會打電話詢問。「為什麼沒來上課呀？」小兄妹說：「媽媽生病了，不能載我們去。」江柑二話不說，騎上摩托車，去把小兄妹載來上課；下了課還要送回去，順便關心生病的媽媽。江柑說，因為「不想讓孩子缺課」。

下課時，大家合掌唱誦〈祈禱〉或〈愛與關懷〉，再三問訊、謝謝老師，小朋友下樓，家長已經等在那兒來帶孩子回家。「再見！要乖喔！」江柑送別孩子，也跟家長打招呼，話話家常。

小朋友離開，老師們再次集合開檢討會，分享當天上課的情形，有什麼問題和困難？有什麼溫馨的、感人的互動，往後還有什麼計畫……陳姵君曾經提出一個問題：「處罰」犯錯的孩子背靜思語，恰當嗎？大家恍然大悟，討論的結果，靜思語應該是拿來「獎勵」而不該是「處罰」的工具。

常常為了討論問題，老師們開會到十點多。「老師離開時，我也一定站在門口，一一向他們鞠躬道謝。」江柑說。

重點

「上課時孩子都說聽懂了，怎麼過一個星期就忘得一乾二淨？

要求按時複習功課才會進步，為什麼總是做不到？」孩子成績不見起色，李政緯氣餒地向當時女友也是如今的妻子傾訴，女友了解原委後提醒他：「你認為把他們的功課教好是最重要的嗎？你了解他們的家庭嗎？陪伴、關懷，比課業更重要，不是嗎？」

本身罹患腦性麻痹的張志強，擔任國小資源班老師，輔導的孩子也是「特殊」的。他說：「一個是過動兒，滑溜溜的，一刻也坐不住；一個是學習障礙，常常趴在桌上，叫他起來就號啕大哭，不叫他就睡著了。」

還好老師畢竟學有專精，一段時間後，兩個孩子都服服貼貼的，功課也大有進步。

林嘉涵和葉曉玫都碰過「怎麼教都『歸零』」的孩子，原來她們都超級沒自信，教了老半天，下一次上課，又「回到原點」，讓老師非常氣餒。

「學習是急不來的，要耐心『陪伴』。」林嘉涵自備小禮物鼓勵小朋友；葉曉玫發現孩子另外的才藝，加以讚美。重建孩子的信心後，功課也隨之進步。老師說，從教學中，自己也在學習及成長。

除了課業，人文教育也很重要。江柑感恩慈濟大愛媽媽團隊，和大哥哥、大姊姊每個星期三，提供一小時精采的教學活動。

陳秀玲是專業的心理輔導老師，她寓教於樂設計了「我會聰明面對嘲笑」、「我也可以是人氣王」，輔導孩子面對挫折的智慧，和發現自己的優點，建立自信心。「品格教育——知足、感恩、善解、包容」，陳芬蘭用遊戲帶動，讓孩子印象深刻，銘記於心。

陳婉婷負責講地震，「臺灣處於地震帶，因此防震常識一定要教。」因為有孩子在外遊蕩而遭到性侵害，課輔班專門請婦幼隊來講「如何保護自己」；慈濟人醫會護理團隊教「口腔衛生」和「視力保健」；消防局專員來教「急救」、「防災」……

「最有趣的是，生物老師林鑫宇還帶了活生生的玉米蛇和變色龍來，給學生觀察、觸摸，進行生態和生命教育。」江柑說。

在課輔班，不是只一味地老師上課，學生聽課。任職外商公司主管的王淑梅認為臺灣的孩子都很聰明，但是怯於表達。於是設計了一堂課，讓孩子就他有興趣或專長的主題，每個人做五分鐘的介紹、分享或演講。有的孩子講「爬山」、有的講「騎腳踏車」、有的講「動漫」……有的孩子還繪製海報，甚至製作簡報檔，生動又精采，讓老師們都刮目相看。

舉凡節慶節日，課輔班都會舉辦活動，例如母親節、教師節、甚至警察節……也會舉辦同樂會，師生準備節目，一起唱歌、跳舞、魔術表演等。慈濟的活動，課輔班也一定不缺席，歲末祝福、經藏演繹……最難忘的是，曾經在課輔教室舉辦一個小而美的「浴佛」。大家恭敬、虔誠，過了一個莊嚴的佛誕節。

「張家的四個孩子，從沒見過雲霄飛車，也沒見過摩天輪。」訪視志工呂敏惠說起來，無比心疼。

「每學期，我們會安排戶外教學，帶孩子們走出家庭和校園，看看外面的世界。」江柑說：「我們一一打電話給家長，請家長盡量陪同。也廣招志工，負責小朋友的安全。」

課務組必須先場勘，規畫動線及安排時間；香積組王靜慧則準備可口的素食午餐。

「我們去過動物園、芝山岩、新北投、土銀博物館、大愛臺、防災科學教育館……」小朋友看著照片，吱吱喳喳地說個沒完。

「我們去博物館看到好大好大的恐龍，還摸到恐龍的便便……」爭先恐後，開心得不得了。

盡力

每一個孩子背後都有一個故事。江柑說：「我能力有限，但是只要有緣，我會盡我的力量去關懷他們。」

談起當年才上小學的幼芊，江柑眼眶都紅了：「他的爸爸吸毒，媽媽臥病在床，有時連飯都沒得吃。」

江柑曾和課輔姊姊郭秀芸帶了便當去看她，房子破破爛爛，一小間一小間出租，是個龍蛇雜處的「黑區」。

她父親入獄後，母子三人更是陷於「絕糧」。後來江柑報請市公所社工人員，安排給他們送飯。午餐、晚餐各三個便當，晚餐還附贈次日的麵包當早餐。

「送飯的人不敢去她家，就送到我家。」江柑也不敢自己一個人去，一定找人陪伴壯膽。之後讓幼芊來取，大概持續送了兩個月。

後來媽媽被送到安養院，姊弟倆就被安排到寄養家庭。這一去，人海茫茫，不知在何處？

「真想再看看他們……」江柑落下眼淚，她的思念和不捨，像個慈祥又哀傷的阿嬤。

「幼芊那麼聰明，等她長大了，她一定會來找你的。」課輔哥哥陳晉煒安慰她說。

是的。江柑曾經關懷的兩兄弟，也是被送去育幼院，從此斷了音訊。多年後，已經上大學的哥哥回來找「師姑」，兩人流淚相擁。

江柑愛孩子，也把孩子愛到家裏來。

莊家三個孩子都在課輔班上課，媽媽離家出走，爸爸打工養家，生活十分困難。有一次，莊爸爸病倒了，必須開刀住院，大姊玉欣到醫院照顧爸爸，兩個小一的龍鳳胎怎麼辦呢？

「到我家來住吧！」江柑二話不說，把兩個小小孩帶回家。吃過飯、洗過澡，睡覺！

「姊姊不能睡床上，因為她會尿床。」弟弟智強揭穿了小姊姊的祕密。小姊姊玉音靦腆地說：「我在家都睡地板。」

江柑覺得好笑，在地板上鋪了個舒適的小床，讓玉音睡在那兒；小弟弟智強就被江柑「奶奶」摟在懷裏，甜甜入夢。

莊家姊弟就住在江柑家，一直到爸爸出院。

回家

二〇二一年春天的午後，江柑的課輔教室來了一對小情侶。

「這是我的女朋友曉萱。」說話的是二十一歲的介平，國小和國中時期，他是課輔班的學生。

江柑無比歡喜，熱情招待，宛如自己的兒子帶了女朋友來一樣。介平靦腆地自承：在「外面」「兜了一圈」，現在「回來」了！

介平的父母吸毒，後來父親入獄，母親離家，阿嬤從南部來照顧他和姊姊。阿嬤到處打零工，無暇顧及孫兒女。介平小四的時候，經由慈濟的志工楊品良牽起因緣，和姊姊來課輔班。

「他把鉛筆盒都上鎖，還跟啟明兩個人，在桌子底下滾來滾去。」陳婉婷回憶說：「介平曾經站在窗前大叫：去死啊！跳樓啊！去自殺啊……」

江柑和老師們，以及大哥哥、大姊姊都很心疼他，給他更多的包容和關愛。他漸漸穩定下來，國中之後，因為體育專長而保送高中。「我高中為了一件小事，和老師起衝突而輟學，然後就開始『混』了。」介平表示，為了自己不夠好，不敢回來找江柑。

介平除了沒碰毒品，其他所有的壞習慣都有，也參加過詐騙集團、討債集團、幫派械鬥……「有一次和『對方』談判，一言不合打起來，親眼看見我的朋友被捅了好幾刀。」介平說：「後來看新聞才知道，他的一顆腎臟掉出來。」

原來很「羨慕」那些「兄弟」們，穿西裝、開名車，出手闊綽，威風凜凜；但是想到年邁的阿嬤，萬一自己出了事，該怎麼辦？他「兜了一圈」再回頭，乖乖去打工，覺得心安理得過日子才是幸福。

只要來過課輔班，江柑都把他們當作自己的孩子或孫子，不管他們已經離開多久，那種「牽掛」只會愈來愈濃。

「芷馨未婚懷孕，唉！後來結了婚，現在又吵著要離婚。孩子送去寄養家庭，他和先生分居了……」

「還記得張晉洋嗎？他後來獲選撞球國手，沒想到會出車禍，當場往生……」

「小學畢業後，伍憲清到澳洲依靠印尼籍的媽媽，不知道他現在好嗎？」

「曾經被性侵的筱盈，還是經常在公園遊蕩。現在已經懷孕五個月了……」

「世傑和智強參加幫派，目睹有人被圍毆致死……」

世傑的母親向江柑求助，江柑找了警察大哥哥陳晉煒一起去他家，經過一番安撫，才漸漸讓世傑母親安心。也告誡世傑說：懸崖勒馬，回頭是岸，歹路不可走。

所有課輔班的孩子，就是江柑一輩子的牽掛！

持續

二〇二〇年一月十五日，衛生福利部疾病管制署將新冠肺炎列為法定傳染病，課輔班也因此停課，但是愛不止息，反而化整為零，發展出更多的「居家課輔」。

訪視志工劉玉珍不捨菲律賓來的娟娟，資質優秀，但功課卻跟不上。把她叫來家裏，自己為她補習。後來更徵求各科老師，每天晚上全方位地為她加油。

黃家四個孩子的新住民媽媽，向訪視志工呂敏惠求助，呂敏惠和兒子張志強義不容辭「到宅服務」，之後志工老師聞訊也紛紛加入……外籍老師布蘭德從林口來三重，在課輔教室單獨為高中的智萍加強英文；喜愛繪畫的婉婷大姊姊，陪伴喜愛繪畫的妹妹智茵，兩人一起彩繪生命……

三重新芽課輔班，不是補習班，也不是安親班。所有的學生都是免費的，所有的老師都是無償的。它不只是一對一的補救教學，更多的是陪伴與關懷。

「我們對孩子無所求，只期望他們健健康康，平安快樂。能夠體恤父母的辛苦，做個孝順、有禮的人。」江柑說：「長大後，不要走偏了，安分守己，做個對社會有貢獻的人。」

SUSU

輯一

小小蝴蝶輕輕飛

太陽依舊會升起

文—郭寶瑛

停學兩、三年的崇昇，心心念念要繼續讀書，但課業幾乎都忘記了。在課輔老師們用心教導下，一年後，他考上高職夜間部，得以半工半讀。

難得休假一天，崇昇邀約江柑從三重騎單車去八里。這天風和日麗，兩人經二重疏洪道單車道，往淡水河下游行進。遠望河岸腹地寬廣，視野遼闊，路旁盡是碧草綠樹，景色怡人。微風吹拂，光影閃爍，河面水波粼粼，不覺沈浸在往事的漣漪……

「我從來沒看過媽媽，完全沒有印象；聽爸爸說，我兩個月大時，她就離開了。」這是一九九三年出生的崇昇，對媽媽的描述。

爸爸喜歡做莊賭博，經常不在家，那麼崇昇是誰帶大的呢？

「很多人！養父養母撫養我到三歲；接著是外婆，就是養母的媽媽。期間爸爸偶爾過來看看，七歲被接回同住。之後很少和養父母、外婆往來。」

「我從嬰孩起就被帶來帶去，東搬西搬的。一直到十歲，才明白，原來同住的這個人，就是我的親生父親！」幸虧曾和爸爸的原生家庭同住，接觸阿公、阿嬤、姑婆和幾位伯伯、叔叔、姑姑，在這個熱鬧的大家族，崇昇才開始有「家」的概念。

崇昇說：「每位長輩都很疼我耶！其中二伯父和爸爸感情最好。可惜沒多久，阿嬤就生病臥床了，雖然爸爸盡心照顧，還是敵不過病魔。」阿嬤往生後，他們即搬離大家族。

一天，爸爸和人爭吵厲害，幾乎動刀起武，好在被其他人勸止；但血壓瞬間飆高，幾乎虛脫。次日清晨，讀國中二年級的崇昇發現爸爸躺在地上，急忙求助爸爸的好友，那一年是二〇〇七年。

爸爸二度中風，崇昇明顯看到爸爸右邊肢體異常，手腳顫抖得厲害，走路一跛一跛的。爸爸生病了，以後要怎麼辦？崇昇想去打工，但是年齡不足法令規定的十五歲，還好班導呂老師協助一臂之力，讓他打掃教室環境，有了些許收入。

「家裏原本是低收戶，每個月領有生活補助款，生活還過得去。」崇昇無奈地說：「國三下學期，爸爸借人頭讓人報稅，導致低收資格被取消。爸爸說，書就別念了！」

國中三年來，他領過多次獎學金，深怕被爸爸挪去賭博，全委託班導師寄存，此時拿來應急，才總算熬到畢業。

爸爸生活一向鬆散，很少工作，卻有其生存之道。向朋友借貸，或請二伯父資助，有時借住朋友家裏，房租比較便宜。

說到爸爸的朋友，崇昇說：「爸爸周圍的朋友，習慣都不是很好。我的養父母就吸毒，沒得吸時甚至痛苦到撞牆，也曾被關入監，幾年後出獄，聽說滿淒慘的。」

不過，崇昇心裏還是充滿感恩，「聽養母說我是早產兒，心臟缺損需要緊急開刀，情況非常危險，住進加護病房。那時還沒有健保，醫藥費二、三十萬，我的命真的是撿回來的。」

有了「奶媽」多了「兄弟」

就在國中快畢業時，爸爸病情嚴重昏迷很久，崇昇央請二伯來簽屬放棄急救同意書。每天他需要在醫院照顧爸爸，因此錯過基測考試，沒再升學。待爸爸病況好轉出院，他立即去打工掙錢。

一日清晨，崇昇從打工的便利商店下班回家，依慣例去幫爸爸買早點。旁邊一位阿姨好奇問道：「這麼早就來買？」

「這個米糕是爸爸愛吃的。」

「你爸爸怎麼不自己來買?」

「爸爸中風了!行動不方便。」他脫口而出說。

沒想到數天後,有幾位慈濟志工來家裏探訪。崇昇表示,被環境所迫,曾到區公所申請資源,之後有三、四個慈善團體陸續給予資助,將近一年。慈濟志工常來家裏關懷,了解生活上有無短缺,陸續送來二手電鍋、書桌、尿桶等。無意間,志工發覺父親有吸菸習慣,婉轉勸說;更不捨未滿十八歲的崇昇獨立照顧父親,還得打工賺錢負擔家計。

志工王靜慧積極安排,為他找了一位「奶媽」——江柑。「我懂她的意思,『奶媽』不好做耶!」從此,江柑多了一個「兒子」。「我們開始關懷時,應該是二〇一〇年。他的父親第三次中風,崇昇在打工,為了讓他安心工作,建議將他父親安置在安養院。那時他才剛新租了一個房子，住了幾天而已，押金也付了。」

江柑偕同志工林律均和房東說明情況，還好房東答應退還押金。「後來崇昇和祖文同住，這樣兩人可以相互照顧，也可省些房租。」祖文年長崇昇六歲，是江柑的另一個「兒子」。

一次，崇昇騎機車意外發生車禍，右小腿創傷。一時找不到江柑，就急電祖文。祖文趕去醫院幫忙辦住院手續，並請假照顧，至此兩人情誼似同兄弟。「比兄弟還更好！」崇昇似有所思地說：「『兄弟』有時候很危險哦！」

停學三年考上高職

經由慈濟協助，二〇一一年三月，崇昇的父親被安置在蘆洲一家安養院，感恩當地里長幫忙簽切結書，如今林家是中低收入戶資格，安養費用可由生活補助款直接撥入。

停學兩、三年的崇昇，心心念念要繼續讀書，但課業幾乎都忘記了。他說：「認識江柑媽媽之後，知道她家有課輔班，就想來上課準備考高職。」

崇昇讀書很有計畫，他說明：「我先將有把握的國英數三科，重點加強複習。很感恩黃靖惠和王淑梅姊姊教我英文；幫助我理解自然科的，是鄭人中哥哥；陳婉婷姊姊教國、英；黃至毅和陳晉煒兩位哥哥教數學。」

個性開朗活潑的黃靖惠，讓他印象深刻。他記得黃靖惠曾購買一些英文光碟，透過歌唱的方式增加學習樂趣，因此他的英文進步很多，尤其是聽力。

在大家的用心教導下，一年後，崇昇參加基測考試，考上格致高職資訊科，讀夜間部，白天到一家模具加工廠工作。半工半讀三年後，他又順利考上龍華科技大學，專攻遊戲發展系。選擇念夜間部是因為比較有彈性，萬一父親有狀況可以立即到院。

崇昇解釋，念遊戲系並不是一般人理解的狹義的電玩，而是用來輔助教學。以前課輔班就常用遊戲的方式，讓學習者更容易理解難懂的課業。

上大學之後，崇昇依然受到很多照顧，他說，「靖惠姊姊極力幫我找資源，報名巨匠線上免費課程一段時間，受益良多；還有，我需要一個鍵盤，幾天後，婉婷姊姊就帶一個全新的給我、說是募來的，這些都讓我很感動。」

崇昇記得，一次父親開刀，住院長達半個多月。他請了兩個多星期假照顧，學校請假沒問題；打工的郵局是約聘的，也應允銷假後可復職，這工作也是祖文介紹的呢！大三那年，父親高血壓狀況頻繁，心臟負荷不了常常送醫，一年進出醫院七、八趟。

父親在安養院住了十年，身體愈來愈不行，後來在三重的醫院住院，不久往生了。崇昇茫然無助，幸有志工王靜慧、林律均、江柑等人的關懷，及善願基金會協助處理喪葬事宜。

他始終不理解的一件事，竟然是父親死亡的當下，本來已斷氣了，院方也註寫死亡時間；沒想到心臟又開始跳，並且能夠自主呼吸。醫師表示：「也許是你爸爸在等你哦！」

「後來，當爸爸一口氣沒了時，我先記錄時間，十幾分鐘後確定沒有呼吸，手腳也慢慢冰冷，才開始打電話，聯絡……」崇昇冷靜地說，爸爸就這樣從這個世界消失了，結束六十七年的歲月。

清晨四點開始工作

江柑清楚記得，認識崇昇的時候，他已經國中畢業，沒升學，在便利商店打工賺錢。

「是大夜班哦！不然房租怎麼付？爸爸的醫藥費怎麼付？」崇昇特別解釋。

說起江柑，崇昇感恩之情油然而發，「很感謝『媽媽』這幾年來，幫忙處理我的事情；感謝慈濟，幫忙申請爸爸安養院安置，低收入戶處理情況。我希望以後我有能力，也能幫助別人。」

「有時間他就會來課輔班走走，看看大哥哥、大姊姊們。」江柑接著說：「難得的是，他很早就是慈濟會員了，每個月繳給黃靖惠，祖文也是。」

崇昇有點靦腆，「好像是高一那年開始捐的吧！」

由於早產，崇昇的耳朵發育不全，左耳耳道閉鎖，耳廓較小，他持有殘障手冊，有殘障津貼。在成長過程中，聽力全靠右耳，所以很吃力，行動也不易平衡，歷經了許多波折。

崇昇記憶猶新，小時候走路偏向一邊，經常絆倒或跌倒，慢慢摸索找到平衡感，變成生活裏的一種習慣。醫師囑咐耳朵可能出現雜音，或無法辨別聲音的方向，他也發現老師講的話，最前面三、四個字會聽不到，導致無法理解句意，老師就調整麥克風位置。又經常國文老師先講一句，他再跟著複誦一句，變成一個學習模式。

崇昇從小就必須克服諸多不便和挫折。二〇一九年，他從龍華科技大學畢業，又孝敬父親至終老，真是難行能行！

☀

二〇二〇年，全球壟罩新冠肺炎疫情，經濟不景氣，崇昇的工作也受到影響。他一直積極在找工作，即使騎機車遠赴土城、林口；但有時只做了兩、三天又沒得做了，一直到年底。

崇昇很珍惜目前在果菜批發市場的工作，他說：「老闆人滿好的！」每天清晨四點到店裏，整理一箱箱的蔬果，分類、包裝、搬運等。

從大卡車上扛下蔬果，堆放到推車上，再依單據推送搬運至各個攤位，來來回回，一直忙到上午十點左右。這時，原本堆得如山高的蔬果，剩下剁碎、殘凌的菜根莖葉。崇昇熟練地拿起掃帚和水桶清理場地，結束時已近中午時分，才下班返家。

搬運重物對體重五十多公斤的崇昇來說，是否太沈重？他笑著說：「三十公斤還好啦，以前郵局還搬過四十公斤呢！」

「也許我從小看得比較多，知道人情世故冷暖，只得認命。困難來時，必須堅強撐過。」崇昇表示。

冬日清晨三點，大地沈睡；崇昇已梳理完畢，套上毛衣和厚厚的連帽外套，戴妥安全帽，跨上機車，向臺北的果菜市場馳去。

菲裔女孩有六個老師

文—林淑真

中文不理解，讓娟娟念書備感吃力，為了全面提升她的學習，劉玉珍安排她週一至週五晚上到自己家學習，又找來多人協助課輔，連週六、日白天也加課。

顧家小女兒娟娟，是課輔班的孩子，在校就讀國三技藝班。身材微胖的顧媽媽看到志工來訪，顯得格外開心：「慈濟！」她拉開嗓門重複地說：「好高興你們來、好快樂，你們很好！」

小小客廳，一臺電視機、置放電鍋的小茶几，幾乎就快占滿了空間。十幾坪的租屋空間，用木板隔出了兩個小房間，一位清秀的年輕女孩從窄窄的走道出來會客，她是娟娟的二姊。

志工用生硬的英語和顧媽媽寒暄。

「我在這邊沒有朋友啊！我不會說臺灣話，講話聽不懂……」一聽志工說有認識的菲律賓人，顧媽媽睜大了眼睛，近乎請求地說：「那請你趕快介紹我認識好嗎？」

志工們商議著等疫情過後，可能需要試試讓顧媽媽去參加社區的一些活動。

來自菲律賓的家庭

顧爸爸早在三十幾年前就來臺灣打工，顧媽媽帶著孩子是二〇一五年來到臺灣。

顧媽媽回憶：「一九八七年，我和老公在菲律賓結婚，當時住在很小的馬尼拉市。結婚不久，老公就又來臺灣了。」

「我有三個女兒。」說起女兒，顧媽媽臉上浮現一片光彩，「大女兒大學畢業。」她指向一旁安靜站立的二女兒，旋又不捨地輕聲說：「她也很聰明，但是身體不好。」

原來，娟娟的二姊自幼罹患腦疾，雖然只讀過小學，但靠著自修通過層層測試，先後申請到菲律賓兩所大學肄業。

聊著聊著，娟娟下了課匆匆趕回，看到有人來訪，愣了一下。訪視志工劉玉珍關心地問她：「吃東西了嗎？餓不餓？」「還不餓。」五官標緻的娟娟邊回答，一邊乖乖地在劉玉珍身旁坐下。她有一雙會笑的眼睛，和不時上揚的嘴角。

註冊費籌措無門

原籍菲律賓的顧家，因為姓氏特別，顧爸爸又精通閩南語，親友曾經懷疑是否祖先來自閩南？

娟娟口條清晰地解說：「對啊！我們也到處打聽，但是所有認識的親友生活都很辛苦，也沒有人在關心這件事情。」顧家溯源之事，只能留下懸念。

一直在餐廳打工的顧爸爸，勞力所得無幾，寄給家人的生活費相當有限。娟娟說：「媽媽一個人很辛苦，常常要向朋友借錢，才能幫我們繳學費、過日子。」所幸三個女兒都乖巧，好不容易撐到大女兒大學畢業有了工作，才逐漸償還貸款。

顧爸爸長期不回家，令母女十分不安，幾經周折，二〇一五年終於將全家都接來臺灣，並且都入了國籍。

來臺後，大女兒很快就和一位菲籍人士另組小家庭。二女兒中斷了學業，只有娟娟得以在臺灣繼續求學，成為國小五年級的學生。由於家庭經濟拮据，經校方提報，成為慈濟的關懷戶。

顧媽媽說：「來到臺灣，能夠順利上學是娟娟覺得最快樂的事。因為在菲律賓，我都沒有錢供她讀書。」

又一年後，顧家從板橋搬遷到三重，慈濟的關懷也無縫接軌。不久，顧媽媽罹患乳癌，二女兒經常要陪媽媽往返就醫。當醫院社工知道顧家的困境，就介紹母女在醫院當清潔工，卻為期極短，娟娟解釋：「語言不通，沒有辦法啊！那個主管很兇，姊姊都害怕得哭了！」

二女兒離開醫院後，去到一家菲律賓人開的店賣手機，可是做了不久，病情發作，老闆又不要她了。同時期，顧媽媽接受乳癌手術，體力衰退，只好也在家靜養。

劉玉珍經常到顧家走動，得知顧媽媽焦慮娟娟的註冊費籌措無門，便及時給予急難救助；或遇校外活動、畢業旅行等費用發生困難，也會主動協助。

當作自己的孩子教

娟娟就學的班級，大多是學習困難、自我放棄的孩子。上課時狀況特別多，經常不守秩序，甚至嬉戲鬧事，熱愛讀書的娟娟很無奈地說：「上課的時候班上鬧哄哄，根本沒辦法學習……」

對於中文不理解，娟娟備感吃力。考單字雖然沒問題，但誠如劉玉珍所說：「兩個字以上的詞或句子，她就完全不懂，尤其遇到文言文更難；因為理解能力的關係，自然其他科目也跟不上。」

所幸從小生活在菲律賓的娟娟，英文程度特別好，國一時老師就提報她參加英文作文比賽，得到全校第一名，並獲得慈濟新芽「特殊表現獎」獎學金。此後三年當中，娟娟連連奪魁受獎。

劉玉珍先引導娟娟參加「三重慈少班」，讓她認識了許多好朋友，接著又帶她參加「三重新芽課輔班」。

在課輔班，雖然只有短短兩個月的時間，但是娟娟很佩服來指導功課的大哥哥、大姊姊們，她笑說：「我最記得至毅哥哥，他的英文超好！但是他常常喜歡考我……」樂觀的娟娟說著，自己不由得大笑了起來，「還有外國老師，布蘭德老師很有趣，教我的羅莎姊姊也很厲害！」

但是國文程度太弱，和同學一起學習其他科目，老是聽不懂，又不好意思發問，兩個月過去了，一點進展也沒有。看在訪視志工劉玉珍眼裏，非常著急。

「一個資質如此優秀又肯上進的好孩子，眼看就要面臨升高中的壓力，萬一功課嚴重落後，無法繼續升學怎麼辦？」劉玉珍以訪視經驗評估：「單靠顧爸爸的收入，除了養家和攤還，恐怕沒有能力讓娟娟升學。」

「如果能夠好好栽培這個孩子，日後謀得理想工作，至少可以為這個家庭帶來希望。」劉玉珍下定決心：「自己的孩子自己教！我就把她帶到我家裏上課。」

劉玉珍的家其實空間也有限，只能騰出一個房間，擺張桌子、加上椅子，就變成教室了。

週一到週五每晚七點，娟娟會準時到劉玉珍家補習。對此，劉玉珍特別感恩先生以及兒女：「如果不是家人這麼支持，我也沒辦法做。」

一開始，劉玉珍教她國語。「每次上課前，我先讓她查字典，從基本的詞句詳細講解，舉一反三說明。」例如講到某個地理環境，「我就拿出臺灣地圖，畫著地圖教她……」

劉玉珍稱讚娟娟：「這孩子實在太聰明了，只兩個晚上，就把臺灣的地圖，包括各縣市的名稱和位置弄得清清楚楚。」

教出信心，接著劉玉珍還指導她學習地理和社會。她笑笑：「為了教娟娟，我什麼天文地理都要懂，自己也跟著進步了。有一天娟娟還主動問我，『您能不能教我數學？』」

為了讓娟娟的功課能夠全面提升，劉玉珍自忖數理教學能力不足，必須邀約更優秀又熱心的老師來幫忙。於是她尋尋覓覓，除了力邀自己好友，更到志工的群組發公告，請求推薦優質的年輕人來共襄盛舉。

最後，劉玉珍邀請到五位有心的優秀青年，除了英文，所有學科都是一對一教導。看到娟娟的勤學，她說：「週休六、日，我又幫她安排白天的課程。娟娟很珍惜，總是非常歡喜地配合，分別到兩位老師家去加強數學和物理。」

十點一起吃晚餐

「我曾經跟著玉珍學剪紙藝術。」三十多歲的許恆慈老師，知道劉玉珍忙著做志工，卻還用心在一個菲律賓孩子的教育上，感動之餘也決定，「無論再忙都要抽出時間，抱著『和這位孩子共學』的態度，交流地理和生物學科。」

專攻文學的她，對娟娟的國文也助益不少。至今，每週下班後，她就趕到劉玉珍家和娟娟「共學」；經過半年多的時間，她覺得：「一切都很值得的！」

為了配合娟娟的學習，顧家的晚餐時間延到晚上十點左右。娟娟表示：「全家人都會等到我回家才用餐。本來說好上課到九點，但是哥哥姊姊們都想多教我一點，所以經常上課到九點半。」

劉玉珍感恩地說：「即使疫情緊繃，這些有心的老師單純為了一個『愛』，每週不間斷地如期前來，為這個需要幫助的女孩無私奉獻。」

就像是媽媽一樣，劉玉珍顧慮娟娟在成長期的健康，經常會準備小點心或煮個麵食讓她墊墊肚子。只要聽到劉玉珍叫著：「有熱湯可以喝囉！」娟娟就開心得不得了，她說；「玉珍師姑煮的麵最好吃了！」

除了關心娟娟的課業，劉玉珍更注重娟娟的生活教育。因為經常聽劉玉珍分享慈濟的美善故事，娟娟改掉很多習氣。她說：「我現在不會再亂丟東西了！」

娟娟細數自己的改變：「下了課我會把座椅歸位；我知道要感恩爸爸工作的辛苦，尤其感恩二姊每天煮飯給我吃。」她更得意地說：「現在喝完水或吃完飯，我都會自己洗杯碗筷了。」

曾經娟娟很羨慕同學可以去上補習班，如今她更感恩所有課輔老師為她付出的時間和精神。

偶爾看到同學們相約逛街看電影，娟娟也會心動，但是她總是很快收起貪玩的念頭，懂事的她說：「媽媽以前那麼辛苦照顧我們，現在身體不好，我更要照顧好自己。」

「當學生，不就是應該努力學習嗎？我就是要很認真，考上一個好高職。」娟娟最大的心願就是，「可以早一點工作，讓全家人過得更好。」

庚午年末，防疫隔離致使人情淡薄。然而，課輔班的志工們，熱情低調地遊走社區間，讓許多弱勢家庭的孩子有了溫暖，有了翻轉人生的希望。

只要肯努力打拚

文—潘瑜華

晉威考上高職後，得知他會計需要加強，江柑火速問經常往來的銀行人員，能否來指導？如今，他已是大學會計系四級學生，計畫未來要努力考上會計師。

「爸，我回來了！」每每一踏進家門，晉威總是大聲喊著。看到坐著輪椅的爸爸靜默地靠在門邊，神情雖鬱悶深沈，但他也就安心了。

晉威能體會爸爸長年生病的苦，更不捨媽媽的辛勞，決心要幫忙挑起家庭的擔子，他認真地說：「媽媽，您辛苦了！我一定要更加努力，好好孝順您。」

只求爸爸要活下去

晉威的家原是幸福小康的家庭，小學六年級時，藍爸爸突發腦瘤破裂中風。一夕之間，整個世界變了樣。

藍爸爸因腦幹出血動刀治療，加上呼吸中止症，長時間在生死邊緣徘徊。藍媽媽只得將經營的螺絲機器轉售，匆匆結束工廠；但龐大的醫療費、生活重擔，仍是壓得她幾乎喘不過氣。

九年來，藍媽媽每天在家除了做手工、賣資源回收品外；更要照顧先生的生活起居，把握機會帶他去醫院復健。即使坐在輪椅上的先生愁眉不展，或有些許脾氣，她還是柔言笑語以對。

「我了解他不能行動的痛苦，需要更大的支持。」向來好人緣的藍媽媽表示：「我是笑臉給人看，碰到了就要勇敢面對，樂觀點才不會愁眉苦臉。」

「別人幫助總是有限，我們自己要更努力才行。」她經常告訴孩子們：「相信天無絕人之路，沒有走不過的難關。」

國中一年級，正是青春好動的年齡，但是爸爸生病又坐輪椅，讓晉威有點自卑畏縮，不敢講也不願讓同學知道家裏的狀況。

他每晚和大三歲的哥哥分睡在爸爸兩側。天一亮，藍媽媽就開始忙碌，他則熟練地幫躺了一整夜的爸爸翻身坐起，輕輕拍拍背，幫忙漱洗後再去上學。

一家人各忙各的，念書的念書，工作的工作，但心卻是緊密的，「照顧爸爸」儼然變成整個家庭的核心課題。

「對爸爸來說，能走路、能自己洗澡變得很奢侈。但是，爸爸一定要活下去，是我們單純的共同目標，希望他的病能趕快好起來！」晉威說。

國中會考時的驚喜

二〇一二年，藍家成為慈濟的關懷戶，志工常來家裏鼓勵陪伴，不捨藍媽媽為了撐住這個家不眠不休地操勞，也了解她對孩子的教育力不從心。志工蔡秀女回憶道：「記得那年年底，我向媽媽推薦三重的新芽課輔班，是免費的，可以讓晉威去上課。」

藍媽媽向晉威提起，就讀國二的他想到功課確實有點跟不上，遂聽從媽媽的話。每週一、週三晚上用過晚餐，即前往課輔班，「就當成不用花錢的補習吧！」

步行約二十分鐘，心裏有點忐忑，來到江柑家的二樓。他上樓一看，教室裏已排好了桌椅，「課輔班的人都很親切地關心我，沒多久這些不安感就消失，漸漸也就習慣了。」

國三那年，他獨自參加國中會考，看到有些同學還有家長陪考。

沒想到中午休息時，一個熟悉的身影出現，是課輔班教數學的黃至毅特地來為他打氣。「來！中午吃了嗎？我帶了點心飲料給你。考試不要太緊張哦！」

晉威一陣驚喜，瞬間感受大哥哥帶來的溫暖。每次回想，心裏就很感動：「至毅哥哥來陪考，真的很高興！」

他述說上課輔班的最愛，「我最喜歡星期三的人文課，有幾位大哥哥、大姊姊分享騎腳踏車去歐洲、亞洲旅行的冒險經驗，讓我好嚮往！」

晉威覺得，這裏不是刻板地教功課，課輔志工們不只是老師，也是朋友。

這樣的溫暖讓他感到自在，願意打開心門。他印象深刻：「有位大姊姊對我說，雖然我們家庭環境不好，但是不要太自卑，只要努力，就會愈來愈好。」

會計不會也有人教

二〇一四年，晉威考上高職資料處理科，依然繼續來課輔班。

他記得高一那年的十月，在三重園區新芽頒獎典禮上，和課輔班同學一起演繹《志願的力量》音樂手語劇；一次慈濟歲末祝福，表演「大白牛車」；也曾參加過簡樸生活體驗營……

因為沒有表演經驗，深怕自己做不好，但是透過一次又一次的練習，不斷改正容易出錯的地方，讓晉威對自己更有自信。他回憶說：「我在臺上就沒那麼緊張，透過表演，要配合別人走位，跟同學也有互動的機會。」

一次，江柑關心他的課業，哪個科目比較需要輔導？

晉威直接說：「我會計比較不會！」當初念高職時並不清楚要學會計，讀起來特別吃力，沒辦法只好死背。

當時課輔班沒有教會計的老師，但是孩子提出問題，江柑的做法就是盡速幫忙解決。

家裏開設會計師事務所，江柑經常與銀行往來，突然間，腦子裏有了人選。她火速跑去附近一家銀行，問正在上班的王樑柏：「有一個高職一年級的孩子，會計需要加強，您願意來教他嗎？」「好呀！」王樑柏不考慮就答應了，江柑也嚇一跳，這麼快就找到教會計的老師。此後，他每週一下班後就來課輔班。

晉威很感恩王樑柏常用深入淺出、舉例的方式，來教他了解一些難懂的專有名詞。「這讓我學習起來特別輕鬆，考試也都拿到不錯的成績。」晉威漸漸把不擅長的會計弄懂，高二時，這一科已能名列前茅。之後，晉威為了打工，晚上沒辦法過來，但已奠下會計的好基礎。

一向注重孩子教育的藍媽媽，擔心孩子急著打工，以致疏忽課業。老早就這樣叮嚀：「不要太擔心家裏的事，只要好好念書，媽媽沒有要求你們一定要去打工。」

晉威念夜校的哥哥，就讀建教合作的汽車修護，白天在車廠學習修車，晚間則在披薩店或快炒店打工。

晉威看到媽媽每天忙進忙出，實在很心疼。高二下學期時也學起哥哥，晚上去快炒店打工，每月領的一萬多元，全數交給媽媽貼補家用。

原本性格內向的晉威，因家庭狀況有些許潛意識的自卑，與同學之間也有距離感；自從上課輔班之後，受到大家的關心，漸漸放開心胸，會主動聊一些自己的事情，也能自在地表達想法，變得開朗自信許多。

目前，晉威是大學會計系四年級學生，他對未來早有規畫，計畫下學期先到事務所實習，「現在只想努力實習，畢業後工作存點錢去補習，然後再去考會計師。」

藍媽媽安慰地說：「好在他真的有好好念書，我僅給他們很大的信任和空間！」

媽媽的勤快好幫手

二〇二一年一月間，幾位志工造訪藍家。走進一樓小店面，只見兩旁整齊堆疊著回收的紙箱、寶特瓶，門旁還有一袋袋的玻璃瓶。店面前段擺著一張大桌，靠邊懸掛著一臺平版電視。

五十多歲的藍媽媽趕緊張羅椅子，親切招呼大家入座。

她隨手指著中段隔出的房間，說：「這是爸爸的，方便輪椅出入。」後段加設小閣樓，樓梯下昏暗處隱約看到兩張桌椅，是兩個孩子念書的地方。

長期來關懷的志工蔡秀女，對著一旁緊盯電視的藍爸爸說：「你的氣色比以前好哦！」因天氣冷，全身包覆毛毯，戴口罩的藍爸爸語意模糊回道：「攏足好！（都很好）」

持有重障手冊的藍爸爸，每週二、四，由藍媽媽陪同做復健。之前，晉威沒課就會跟去幫忙，藍媽媽說：「以前爸爸狀況不穩定，需要晉威來幫忙；但從二〇二〇年新冠肺炎疫情就不再找他去，以免受到感染。」

勤快的晉威，在家常幫忙洗衣服、倒垃圾，一雙手總是沒閒著。他說：「只要能幫忙媽媽的地方，我都會盡可能幫忙啊！」

閒談間，他一直心懷感謝，當年陪伴他的許多大哥哥、大姊姊和志工們。晉威說：「將來有機會我也要回饋，讓更多人都能感受被愛。」

生錯地方遇對人

文─徐美華

「江柑媽把我當成自己的孩子，常帶我去參加慈濟活動，也帶我去她的家族聚會，若不是她，或許我現在就成了街上小混混。」紀麗感恩所有幫助過她的人。

「我生在錯的地方，遇到對的貴人。」說這句話的人是紀麗，她身高一百七十七公分，二十二歲，滿臉笑容，聲音爽朗、說話幽默。這天，她回來國小時課後學習的三重新芽課輔班。

因疫情停辦的課輔班，空盪盪的教室辦公桌上，有許多課輔班的活動照片檔案，記錄著十二年來課輔志工與孩子們的互動。

「我的獎狀也被保存在這裏喔！」紀麗翻到了自己國中時的獎

狀，彷彿進入時光隧道，聲音雀躍地說。

得獎的殊榮，不僅給予紀麗正向激勵和信心，也見證了她在青少年階段努力不懈，藉由自我的省思和覺悟，學習到調整自己的行為與價值觀，增進對環境的適應性。

自立自強有信心

「怎麼這麼久沒回來？」

聞言，紀麗淚水滾滾滑落，緊緊地擁抱著江柑。她哽咽地表示：「我在製麵店工作，長期搬重的東西，導致椎間盤突出，前陣子去開刀。」

「你這個孩子，發生這麼大的事情都沒說，傷口還會痛嗎？有人照顧你嗎？」

「還好啦！用微創手術治療，很快就恢復了；旁邊的人覺得擔心，我自己不覺得怎麼樣，小事情啦！而且我最近已轉行到連鎖店工作，和同事也相處得很好。」

紀麗從國中到高職這六年，都一直半工半讀在餐館打工，學得一技在身，煎、煮、炒、炸、滷、鍋燒、水餃，樣樣難不倒她；高職夜間部畢業後，獨自艱辛地為生活打拚，從不抱怨、喊累。

紀麗認為自己雖然生在錯的環境，成長過程中卻能遇到許多貴人，就像課輔班所有志工和國中時的社團老師，宛如一盞盞明燈，一路鼓勵支持著她。她說：「雖然國中時就讀『放牛班』，但都沒有走偏了路，這也是我堅守對他們的感恩回報。」

紀麗出生才七天，父母親就離異，各自離家，音訊杳然，阿公賣香腸維生，收入不穩定，又罹患咽喉癌、阿嬤體弱多病，經常暈眩，在這家庭功能不全的環境成長，紀麗三、四歲就會幫忙煮飯做家事，成了家裏的小小支柱和得力幫手。

紀麗七歲時，慈濟人到家拜訪關懷，當時她不喜歡和陌生人接觸，還好王靜慧、蘇映望等訪視志工給她滿滿溫情，而能正向成長。

國小二年級搬家後，紀麗進入了新的環境，三重新芽課輔班成了她的另一個家，江柑亦母亦友持續陪伴，甚至代為出席家長會。

「她因缺乏爸、媽生活上的照顧，身上和衣服髒臭，大家不願意和她做朋友，在學校獨來獨往不愛與人互動，外在的表現卻又外向活潑，喜歡搶風頭引人注意，造成不好的人際關係。」江柑無奈地說。

紀麗在課輔班認識了年紀相近且志趣相投的好朋友，還有優秀的大哥哥、大姊姊們用愛心、耐心教導，感受到有人關心的幸福，升上國中後除了半工半讀及參與學校服務性社團，放假時也回到課輔班當志工，陪伴年紀較小的小朋友。

「與眾不同」別擔心

「我小時候非常頑皮，長大回想起來，覺得像是個『小惡魔』。國小三年級來到課輔班，為了引人注意，愛出風頭惡作劇，導致人緣不好，常讓課輔志工們為了我焦頭爛額。」

「若是『現在的我』來帶『過去小時候的我』，我會把她吊起來打屁股。」紀麗慚愧地說。

「她小時候真的讓我們有些挫折，在課堂上好動、愛講話。有一次我在臺上帶動，她在臺下大聲吵鬧又屢勸不聽，還裝鬼臉發出怪聲音，當時我情緒失控地在課堂上哭了起來。心想這小孩怎麼這樣難帶？」陳婉婷回憶當時課堂上的情景緩緩地說。

「不過當時立刻想到，課輔班有些孩子特殊的成長過程，才讓他們『與眾不同』。」陳婉婷升起悲憫心妙觀察智，學會了有些事情不急著糾正，試著給孩子改變的空間。

江柑回憶紀麗小時候曾有偏差行為——有一次，紀麗的阿公發現生活補助金不見了！為了要讓年幼的紀麗知道偷錢是不對的行為，就帶著她搭公車到慈濟三重園區。

蘇映望知道了這件事，難過得淚流滿面，動之以情委婉勸告紀麗；江柑則扮起「黑臉」，說之以理勸誡她要懂得克制物質欲望：「家境不好更需要積極向上，總有一天你可以改善環境。重要的是，交朋友不是建立在物質的分享，而是要充實自己、樂於幫助人，自然就會有好朋友。」

紀麗坦承：「當時年幼不懂事，認為我家的環境不如同學，會有『比較』和『羨慕』的心態，也會想別人有零用錢、有玩具等，為什麼我沒有？當時想用金錢彌補虛榮心和加強人際關係，幸好被及時拉回來。」

願能活到三百歲

王靜慧想起有一年母親節，特地為隔代教養、單親媽媽等家庭舉辦一場慶祝茶會，當時才六、七歲的紀麗，舉手發表心聲，「希望我的阿公、阿嬤可以活到三百歲。」可見她對未來的無助與恐慌。然而，阿公、阿嬤無法如她所願，長命百歲，在她五年級時就相繼因病往生。

內心的哀痛，使紀麗變得沈默寡言。「我心裏非常難過，但與其哭喪著臉，不如好好地過生活，讓他們在天上也能安心。我最後悔卻也無法彌補的是，小時候太皮讓他們很擔心，對不起他們，也很感恩他們撫養我長大。」

國小六年級將畢業時，爸爸帶她到新莊租屋同住。面對身世坎坷的紀麗，志工們深感不捨而更加倍疼愛憐惜，常相約到她打工的地方，關心她的近況。

紀麗一直嚮往到國外工作，有一次她向課輔大姊姊提出想要學英語，大家了解她的志向之後，都很支持她的想法，努力配合她的英文程度，直接用英語和她對話，訓練口語和生活應用。

上了國中，同時也進入一個新的旅程，紀麗做事沈穩盡責、積極果斷，經過學校認可及同學們推薦，成為扶輪社少年服務團的活動主委，展現卓越的領導能力，並榮獲校內、外無數獎項。

紀麗的例子，讓課輔志工們更加明白，培育幼苗並非一蹴可幾，而是需要長時間點滴灌溉和細心呵護；如此，即使是生長在石縫中的新芽，也能夠茁壯成為人遮風蔽雨的棟梁。

阿公阿嬤的甜蜜負擔

文—林秀蘭

他們的父母吸毒又離異，父親販毒被判七年徒刑，三兄弟一個讀幼稚園大班、一個小二、一個小三，全靠阿公、阿嬤賺錢養家。

這個家座落在一棟公寓的五樓。阿嬤說：「還好，有大女兒的房子可以讓我們住。」兒子入獄了，兒媳離婚，留下子富、子瑞和子偉三個幼小的孫子，阿嬤得身兼母職，撐起這個家。

「我們曾有過有一餐沒一餐的日子。一次，米缸裏的米全吃光了，真不知道要向誰去求援？大人可以不吃飯，但孫子小，總不能讓他們餓肚子啊！」阿嬤說，她向鄰居借了米，才得以度過難關。

阿嬷的生財之道

年屆花甲的阿嬷，不但需要照顧三個孫子，有人需要坐月子時，她就去當「月婆」，賺錢養家。

六十二歲的阿公，在人力公司當臨時工。阿嬷說：「阿公的工作也是青黃不接，一個月有時賺不到十天的工資。」從事粗重工作的阿公，看起來比阿嬷蒼老許多。

兩老的微薄收入，難養一個家。於是，阿嬷得另想法子掙錢，來維繫家庭開銷。江柑和阿嬷像家人一樣熟稔：「阿嬷很能幹、還會做很多東西，像薑餅、黑糖薑片啊，也會做雪Q餅讓人來網購。」

「網友們都很好，看我需要養三個孫子，都會來向我訂購。」

難怪一進門，地板上攤滿一堆南薑。阿嬷解釋道：「南薑，我一次買就是一箱五十斤。南薑比較好，但很不容易清洗，我必須用刷子慢慢刷，才洗得乾淨。」

長孫子富也說，他們三兄弟都會幫忙阿嬤洗薑。「當月婆、做薑餅和黑糖薑片都需要用到大量的生薑。」原來，南薑是阿嬤生財的必備品。

聽到這裏，江柑忍不住對三兄弟說：「你們啊！如果沒有阿嬤，看怎麼辦？」「丟出去呀！」阿嬤順口半開玩笑地說：「但丟也要有人願意接呀！」

「我來接，我來接！」江柑接得很順口、很歡喜。

阿公接送不怕苦

「三年前，接到他們鄰居提報。父親吸毒又販毒，判七年徒刑，母親也吸毒。」訪視志工楊玉蓮說：「當時三兄弟，一個讀幼稚園大班、一個小二、一個小三，全靠阿公打零工賺錢養家。」

第一次到他們家，發現阿嬤正在教孫子習寫ㄅ、ㄆ、ㄇ。大家心想：都已經開學一個月了，孩子怎麼還在家？訪視一組人有了共識，教育第一。於是，四處幫最小的子偉找幼稚園，最後阿嬤建議去上兩個哥哥曾經讀過的幼稚園，總算將子偉安頓妥善。

然而，兩個哥哥的課業也跟不上，該怎麼辦？有人介紹，建議將他們轉介給江柑。

「三重新芽課輔班免學費，一對一教學，老師有耐心……對孩子的課業幫助很大。」楊玉蓮聽到了，迫不及待帶著阿公和阿嬤先去認識環境。

將三兄弟的課業都安置好，這一組訪視志工才暫時寬了心。

雖然離江柑家有一段路，但阿公騎摩托車接送三個孫子到課輔班上課，從不間斷。

阿公的摩托車，後座載兩個哥哥、前面站著弟弟，騎在車水馬龍的大馬路上，一次被警察攔了下來！

警察對阿公說：「你的摩托車，前面站一個人，這樣會擋住你的視線，很危險的！」

阿公並不認為受到警察刁難，反而覺得這個警察人真好，說的也很有道理。他聽從警察的規勸，為安全起見，從此讓兩個哥哥自己搭公車去課輔班，摩托車就只接送最小的子偉一人。

一次，兩個哥哥搭公車要去課輔班上課，不小心坐過了頭，迷路的他們走了好久的路才找到上課地點，急壞了江柑。

又有一次，兩兄弟從課輔班要搭車回家，在站牌上看錯了公車號、搭錯了公車路線，阿嬤在家等了好久好久，等得簡直快急瘋了。

兩次的錯失，給了他們一個寶貴經驗，之後，同行的兩兄弟再也沒有過搭錯車。

孫子們學習有進步

課輔班師生互動緊密，老師對孩子觀察很細微，也懷帶著濃濃的情感。

老大子富上課輔很特別，除老師教學外、又有課輔班同年的仁豪也會發揮同學愛，主動當他的小老師。讓子富很開心地說：「我的數學進步了！」

聽到子富數學進步的阿公，高興地說：「只要他們的功課有進步，載他們去上課，再遠我也不會覺得累！」

老二子瑞的指導老師是張志強，他說：「子瑞經常趴在桌子上不理人，一叫他，他就哭出來；沒叫他，他就會睡著……」只能耐心找方法教他。

老三子偉的指導老師林嘉涵，是補習班老師。當教會了他，一下子再問時，他又不會了。「子偉如果在補習班，會被打得很慘。還好他是在課輔班，不能打、不能兇，我對他還要很有耐心。」於是，林嘉涵經常自費買些小禮物來鼓勵子偉，當他學會了，就可以得到老師的獎品。

參加課輔三年來，任何對三個孩子有益的活動，慈濟志工會主動幫忙報名。有一次，在三重的聯誼會上，志工帶孩子表演「地球的孩子」，也看到了阿嬤陪伴在三個孫子身旁，一起用心學習。

一次戶外教學，「知識之旅——探索古生物」，也令三兄弟驚奇。當天，課輔志工帶著小朋友，一行十七人，搭乘捷運走訪二二八和平紀念公園、土銀館，也參觀了臺灣歷史博物館。他們走出教室，身歷其境，參觀了植物、昆蟲展、古生物演化展……

三層樓高的巨大恐龍，小朋友們要抬頭往上看，才能看清恐龍全貌。在一處小階梯有恐龍爪化石，讓大家親手觸摸，子瑞說：「摸起來感覺像是滑滑刺刺的石頭。」

解說員告訴大家，至少要超過一萬年的骨頭才可以稱為化石喔！他又拿出一顆粗糙且內外層顏色不同的化石，讓大家猜猜是什麼東西？在解說員的鼓勵下，子富湊上前去用力聞了！最後解說員公布答案，「哦！」在場的人發出驚呼，原來是恐龍的糞便化石。

館內參觀告一段落，中午，他們還吃了志工王靜慧為每個人精心準備的午餐：三角壽司、豆乾、滷蛋。這些也令他們難忘！

父親入獄三年多了。志工問孩子：「最近去看過爸爸嗎？」三個孩子都去看過爸爸了。阿嬤說：「兒子服刑期間表現良好，再等一年，就可以假釋出獄了！」

「希望經過這一次教訓，兒子會學乖！」阿嬤滿懷期望地說。

印尼媽媽的請託

文—郭雪卿

課輔班因疫情停課後，看著四個孩子成績一路下滑，印尼籍的媽媽著急得不得了，拜託志工呂敏惠來家裏教，至今已有十位老師陸續加入。

傍晚的街燈一盞盞亮起，位於新北市三重某街角的印尼雜貨小吃店裏，哥哥鈞翰和三個妹妹可欣、欣雅、欣妤在一陣玩鬧後，站在店門口看著路過的摩托車、往來的路人。

突然，鈞翰像被電到似地，跳著轉身就跑，三個妹妹跟著他，踩著樓梯咚咚衝上樓，用最快的速度端坐，拿出評量本「用功」了起來。

想起訪視志工呂敏惠要求的規矩：「你們要在老師到達之前先就定位，坐好等老師，表示對老師的尊敬。」因此，當老師熟悉的身影一映入眼簾，鈞翰就「觸電」似地彈了起來。

課輔志工林余桂，拿出特地準備的小禮物溫柔說道：「今天，老師要送給哥哥『聰明鸚鵡』，陪你念書喔！」

「謝謝！」單眼皮的鈞翰，一抹俏皮的微笑掛在嘴角，盯著手上的小鸚鵡。

「這是Hello Kitty，你讀書的時候都會看著你喔！」林余桂將吊飾送給可欣。

「謝謝！」可欣的眼睛眨了眨，靦腆的笑意掛在嘴角。

「來！這是給兩個可愛小公主的，這是花冠喔！」林余桂一邊說一邊為兩個雙胞胎妹妹，分別戴上藍色小玫瑰花編成的花冠。

「謝謝！」兩個妹妹皮膚一黑一白，長得不像的異卵雙胞胎倒是異口同聲，讓林余桂「加冕嘉勉」。

不久，另一位課輔志工陳婉婷下了班趕過來。兩個老師、三張桌子加上四個學生，這間二樓的「小教室」，寒假期間不放假，週三晚間的課輔班，正要開始上課呢！

聲聲慢，書聲琅琅

乘著寒假與農曆新年前的日子，課輔志工特地讓孩子們輕鬆一下，今天帶著他們讀繪本故事。分別由陳婉婷陪著兩個一年級的妹妹；中年級的哥哥、姊姊，則由林余桂陪讀。

「小熊經過『ㄔ』塘，鴨子媽媽給他吃魚，小熊就一口吞掉了。」一年級的姊妹倆，小手指比著一個字一個字，慢慢地拼讀念著故事。

「這個字，你比較不會念，這是『池塘。念作ㄔˊ，二聲ㄔˊ』。」

陳婉婷細心提醒聲調，也在每一頁停留、提問，引導孩子看到故事的圖文搭配：「你們看到什麼？」

「小熊、蘋果、樹、猴子。」雙胞胎點著圖畫說。

「小熊是什麼顏色？」陳婉婷問。

「黃色！」皮膚閃著小麥色光澤的欣妤大聲回答。

「蘋果是什麼顏色？」

「紅色。」白白淨淨的欣雅小聲地說。

另一桌的哥哥、姊姊，由林余桂帶著閱讀繪本《哇比與莎比》，思索關於人類發展與環境保護兩者之間的關係，「你對這個故事，覺得內容在講什麼？」

「……」兄妹倆互看一眼，默默無語。

「可以提示嗎？」哥哥問。

「可以！我翻圖畫給你們提示喔！」林余桂安著孩子的心說。

「這故事告訴我們，不要隨便亂砍樹……」愛畫畫的可欣，看著插畫說。

「為什麼後來樹木都沒有了？」林余桂問哥哥鈞翰。

「因為人類貪婪！」鈞翰秒答。

「你知道貪婪是什麼意思嗎？」林余桂再確認。

「就是貪心的意思。」鈞翰語氣裏帶著肯定。

念完了故事，林余桂還特地設計有關農曆新年的小活動，利用回收的紅包袋，摺成一隻魚再加上自己畫的圖騰，象徵「年年有餘」，也教四個孩子過年時，如何跟爸爸、媽媽說吉祥話表達祝福。

「鈞翰個性害羞，怯怯的。資質其實很聰明，但會沒信心、怕怕的，我就是多鼓勵他。以前要他寫學習評量會生氣，就會不說話，臉臭臭的。」利用休息的空檔，林余桂說起鈞翰的進步。

疫情擾，課輔到宅

「鈞翰、可欣本來參加三重新芽課輔班，好不容易功課進步了一些，怎麼也料想不到，只參加了一個學期，受新冠肺炎疫情影響就停課了。」呂敏惠說。

二〇二〇年七月，呂敏惠準備為孩子申請慈濟新芽獎學金時，發現幾個孩子實在無法以課業成績表現送件。後來，在學校有運動項目表現的鈞翰，就以「特殊表現獎」，可欣以「全勤獎」分別獲頒獎學金以資鼓勵。

說起二〇二〇年九月開始的到宅課輔，呂敏惠曾有一段心理上的掙扎：「課輔班停課後，兩兄妹只能在家自習；兩個雙胞胎妹妹成為小一新生，學習上也落後班上同學許多，連基本的ㄅㄆㄇㄈ都無法讀寫，印尼籍的媽媽完全不懂中文，國中畢業的爸爸，也無法教孩子。看著兩個本來基礎就不穩定的孩子，成績一路下滑，甚至不及格，媽媽就問我，能否幫忙安排志工到他們店裏幫孩子課輔？因為媽媽知道——教育不能等，教育可以翻轉孩子的命運！」

經過好幾天的思量，呂敏惠找江柑尋求原來課輔志工的人力。甚至將以前在中文讀經班的家長林余桂，也邀來一起幫忙。陸續加入協助四個孩子的課輔志工，至今已有十位，通訊軟體裏的「希望學園」群組，呂敏惠取「教育是孩子及家庭翻轉的希望」為寓意。

「我考量之後，也需要和家長磨合、有共識——因為我會要求規矩、成績、也會考試。孩子沒寫好作業，我會請父母來陪孩子做功課。只希望，既然課輔老師花心思陪伴，就要真的看到孩子有所進步。」呂敏惠語氣堅定說道。

「孩子期中考之前教的進度，我們趕著為他們補上落差的部分；期中考之後，就針對問題點加強。」果然，鈞翰四年級上學期不及格的科目，下學期都已經及格了。

回想起認識這一家人的因緣，呂敏惠說：「因為家庭經濟因素，里長向慈濟基金會提報，希望能對他們有所幫助。只有國中畢業的爸爸，僅能到處打零工；加上受疫情影響，工作機會更少了。印尼籍的太太，為了照顧雙胞胎，也無法工作。二〇一九年九月雙胞胎讀大班後，夫妻倆借了一點錢，才開了這家印尼雜貨小吃店。」

有了「人助」，呂敏惠也鼓勵媽媽要「自助」。

印尼籍的媽媽，在臺灣沒有娘家。呂敏惠就用媽媽心鼓勵她：「你不懂中文，可以去國小上『新住民課程』。你學會了，以後也可以教兩個小妹妹。」媽媽果真聽進呂敏惠的話，已經上了一年半的課程，偶爾也能教一下讀小一的雙胞胎。

十個老師輪班，三張桌子、四個學生，「我們這一班」在週三晚間、週六下午準時上課囉！

「千金」遇貴人

文—李錦秀

在課輔班遇見大姊姊郭秀芸，讓智萍的求學態度有著一百八十度的轉變；從國中「放牛班」考上公立高工後，現在的她懂得要更加努力地讀書。

「櫻桃小丸子」的故事演繹，由三重新芽課輔班的學生，於二〇一六年十月在北區新芽獎學金頒獎典禮中演出。參加課輔班的一對姊妹花智萍、智茵，扮演了母女的角色，她們就讀國小，實際年齡相差兩歲，卻長得亭亭玉立，活潑又甜美。沈穩的臺風和十足的默契，贏得了臺下許多家長讚賞的掌聲。

母親的「千金」重擔

二〇一六年九月一天下午，一陣電話鈴響打破了李家寧靜的生活；青天霹靂似的噩耗，讓媽媽隻身連夜搭機趕往大陸。

「你們的爸爸中風了！現在醫院搶救中。」兩姊妹聽了，有點錯愕地愣在原地。

「天塌下來！我來頂！」從小開始，媽媽教導她們要有理智：碰到事情發生了，就想辦法解決它。「哭，是沒用的！」

於是，媽媽把兩個「千金」交給她們的大伯父照顧，轉身奔向那看不清的黑夜裏。

李媽媽是江西人，二十歲那年前往八百公里外的東莞工作，與大她二十歲的先生結識；李爸爸是在九〇年代大陸經濟開始起飛時，前往異鄉發展，兩人相戀三年後，因為阿公去世而依照臺灣習俗趕在百日內完婚。當時，家裏並不看好這件婚事，然而媽媽篤定對方是個顧家的好男人，值得託付終生。

一家人在大陸待了五、六年。此時，臺灣傳來阿嬤病危消息，老人家思念著孫女。沒想到的是，阿嬤見了孫女之後，病卻好了，又多挺過兩、三年。

當時李爸爸在大陸的薪水高出臺灣三分之一。他在工廠負責業務，不得不應酬喝酒熬夜；長期下來，身體負荷日漸沈重。太太一再苦勸他回臺灣另起爐灶，希望一家四口能夠團圓在一起。

「我回臺灣？要從何開始？」李爸爸想著自己已在大陸生根，「回去，能做什麼？」歸鄉之夢看似遙不可及。

李媽媽當時還注意到臺灣教學使用的是繁體字，若讓女兒回去大陸得從頭學習簡體字，受累的肯定是孩子。就這麼一念堅持，她選擇與先生分居兩地。

為了照顧老人家，李媽媽帶著兩姊妹留下來，開始去小吃店及自助餐店打工賺錢。月薪兩萬多，扣除房租一萬多，再扣除日常費用，所剩並不足以支付女兒每個月五、六千元的補習費。

爸爸比「讚」的大拇指

兩姊妹從小被媽媽交由大伯父和大姑姑教導，大伯父軍訓式的管理教育，把她們訓練得既乖巧又順服。

「吃飯要有規矩。」「坐要有坐相，站要有站相。」「五點起床！棉被要摺得像豆乾似的方方正正。」大伯父是慈濟委員，得知三重地區成立了課輔班，專門指導弱勢孩童學業。他問江柑：「這兩個女孩可以來嗎？」

轉了一個彎，大伯父把姊妹倆帶進了完全不一樣的旅途。

李媽媽趕到大陸，看著全身癱瘓無法言語的枕邊人，打了兩萬塊人民幣的溶血劑之後依舊無法開刀。加護病房待了三十天之後毫無辦法，只得忍痛離開醫院。

李爸爸的腦部血管有四分之三阻塞，病情嚴重。一筆龐大的醫療費，幸虧李媽媽的大姊伸出援手；由於住院費太貴，只好讓先生出院，用盡辦法找好的中醫師針灸並吃中藥治療。

「你想回臺灣嗎？你想看女兒嗎？你不動一動的話，就沒辦法囉！」李媽媽用「激將法」鼓勵先生站起來復健，不斷練習以「倒退嚕」的方式走樓梯。

在臺灣等待李爸爸康復的時刻，李媽媽乘著放暑假，帶兩個女兒去大陸探望；回程時，兩姊妹自行搭機返回臺灣。那一年，姊姊念國中二年級，而妹妹才國小六年級而已。

一家人用堅強信念，同心協力撐起一把希望的傘，終於走出狂風暴雨。二〇一八年十月，兩姊妹突然接到媽媽電話：「我們已經回到臺灣！」喜悅的聲音在另一頭響起。

公寓沒有電梯，李爸爸雖然行動不靈活，卻自己慢慢地走上五樓。那一刻，一家人終於團聚在一起。

「早上八顆、中午兩顆、晚上五顆。」照顧爸爸吃藥，是智茵每天牢記在心的重要任務。她會仔細地把藥丸磨成粉末，好讓爸爸服用。

爸爸的晚餐，也由智茵做一些家常菜，例如簡單的蛋花湯、玉米濃湯等。看著失去語言能力的爸爸，翹起比「讚」的大拇指，智茵總是很開心。

週一至週五，都會有居家長照人員送午餐來給李爸爸；每星期一、三、五，也有人來幫他洗澡、做復健，陪他去公園散散步。這麼一來，每天早出晚歸辛苦工作的李媽媽，終於有了喘息空間。

大姊姊的暖心問候

長期租屋居無定所之苦，讓姊妹倆一直期待自己能早日幫忙賺錢，好讓媽媽買房子。

本來，姊妹倆和媽媽擠一個房間，大伯父、大姑姑各住一間。李爸爸回來後，大伯父買了新的房子搬去板橋；剩下他們一家四口，三個房間恰恰好。

「屋寬不如心寬。」—靜思語短短幾個字，讓她們很受用。

智茵從小就很會畫畫，在家做功課時兩人書桌相鄰；每當她突發奇想，總是不自覺地在姊姊智萍的白色桌布上畫起圖來，然而欣賞她才華的智萍從不會生氣。

國一時，課輔班大姊姊陳婉婷發現了智茵的才華，開始教她畫畫，藉以培養她的耐心，而她也畫出了興趣來。

智茵的功課以國文最好，而數學最差。幸好，大哥哥楊逸斌耐心地幫助她。「我有時腦子會放空。」心思不定，人家跟她說東，而她往西；她最記得大哥哥常教她：「要專心，上課要專心聽。」現在，智茵的數學成績都在七、八十分左右。

國中時，智萍班上學習氛圍低迷，同學都不愛念書，她的功課很差，班上老師也經常更換。「自己當時很頹廢，英文特別的差。」直到在課輔班遇見了大姊姊郭秀芸，耐心地教她一個字一個字背英文單字，還教她文法，讓她對自己的求學態度有著一百八十度的轉變。由於彼此個性相像，年紀又相近，兩人很談得來。智萍很感恩能在課輔班，遇到這麼多有著正向能量的大哥哥、大姊姊們。目前，郭秀芸在南投工作，彼此常用 LINE 互通信息：

「你還好嗎？功課好嗎？」遠方的親切問候，總是溫暖著智萍少女的心。

下一刻，歡喜圓夢

如今，智萍已是公立高工一年級學生。因為加入課輔班而得到許許多多愛的關懷，鼓勵著她往上前進。她還記得江柑總是心疼地問她：「吃飯了沒？趕快吃。」甚至還會開玩笑地催她：「趕快吃！別讓別人看到。」有趣的場景令她覺得好玩，至今難忘。

如今長大，讓她益發懂事也更加感恩大伯父多年來的教導。尤其記得最重要的是：「要有禮貌。」這讓她小小年紀在打工時就能體會，面對形形色色的客人都要「以禮相待」。

「媽，錢很少耶！」智萍抱怨著說。國二時，她利用寒假去早餐店打工，一大早五點到下午三點，日薪七百元，一個寒假下來拿到一萬多塊。「人家老闆娘是給你機會耶！你賺到的是經驗哩！」媽媽誇讚著說。

當她貼心地把錢交給媽媽時，媽媽卻說：「你自己來，保管好。」看到女兒想早點賺錢圓滿一家人的夢想，媽媽也同樣期待著。

當年在舞臺上飾演媽媽角色的小女孩於終場時，分享心得感性地說：「我將來要孝順父母。」

那一刻，她心裏閃過一幕深刻的景象：有一天清晨，媽媽滿臉疲倦而且手上裹著石膏回家來。

「天下雨，被車撞了。」嚴父般的媽媽那堅強的身影，在智萍心中深深地烙印著。

如今，智萍加緊腳步努力用功，期待著畢業後早日完成夢想。

當她補習完，疲憊地搭乘公車再換捷運，等待媽媽從蘆洲下班騎摩托車來接她回家。寒風中，她把脖子上的圍巾包得更緊。

新住民之子的安親去處

文——王春珠

哥哥仁淵狀況百出，讓人好氣又好笑；弟弟仁豪功課不錯，理解能力好、學習意願高，筆記有條不紊，甚至穿上志工背心當小老師。

冬日午後，慈濟志工一行四人分乘兩部機車，穿過蜿蜒的巷弄，來到一棟舊公寓二樓，這是賴媽媽和她的兩個兒子——仁淵、仁豪溫馨的家。親切的賴媽媽忙著招呼大夥兒進屋裏坐，一個明亮潔淨、溫暖的客廳隨即映入眼簾。

江柑拍拍仁淵的背膀說：「哥哥又長高了，都上國中一年級了。」轉過身拉著仁豪的手說：「好快喔，弟弟也讀六年級了；記得剛到課輔班，一個讀小學三年級，一個才讀二年級。有沒有乖乖聽話啊？」

兩個小男生相互瞄了一眼，低頭靦腆笑而不答。

再辛苦也不耽誤學習

所有相遇都是緣分，也是一念間的抉擇；這個家在二〇一四年與慈濟訪視團隊有了交集，和課輔班的緣分則從二〇一六年開始。

「當初去家裏關懷，孩子們都還小，才上幼稚園。」訪視志工陳錦錡說：「當時，賴爸爸生病無法工作，親友各有難處也幫不上忙，所有重擔全由賴媽媽一肩扛起。」

不僅要賺錢養家、償還房貸，還要照顧先生和年幼的孩子，對一個從緬甸來的新住民配偶來說，真的是不容易。

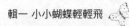

孩子上小學以後，賴媽媽實在沒辦法教，所以再辛苦也要花錢將兄弟倆送去安親班。每個月近萬元的安親班費用，是不小的負擔，但她堅持孩子的學習不能等。

仁淵就讀小學三年級時，思維等各方面都有了變化，也比較有自己的想法。訪視志工便鼓勵並引薦這對兄弟到課輔班上課，接受免費輔導。

以居家打掃為業，每逢週一、週三做完晚餐，下班後的賴媽媽還要趕著騎車送孩子們去上課輔班；有時因為工作忙抽不出時間，或有事情無法接送，為了避免缺課，江柑就會來載孩子去上課。

雖然孩子們因為功課忙或太累想要休息，偶爾也會慢一點到或缺席；賴媽媽仍鼓勵孩子們要持續來上課，並表示孩子來這邊讓她很放心。

這麼長的時間沒去課輔班，兄弟倆很想念班上的同伴和上課時的點點滴滴。每週三的人文課是課輔班最大的特色，仁豪表示不但從課程中學到豐富的環保知識，更感受到環保愛地球的重要；他提到「一筷省水」是生活中就可以做的，平時可以在家裏幫忙做分類、資源回收起來可以再利用……

提到印象最深刻的影片，仁豪義憤填膺地說道：「要替大海龜打抱不平！因為看到影片中，人類所使用的吸管居然跑進牠的鼻子裏，這點令人很生氣。」

做完功課不表示都懂

兄弟倆課業上的表現算是讓人比較放心的，所以沒有安排固定的課輔，只要有帶活動的大哥哥、大姊姊陪伴就好。看到陪伴的大哥哥、大姊姊，兄弟倆常常喊著：「我功課都寫完了，數學沒問題！」「我想玩象棋！」

「把聯絡簿拿出來，以學校聯絡簿為主，練習題寫完真的會了以後，才能玩！」二話不說，大哥哥、大姊姊們總是這麼回應。

有一次大姊姊發現，仁豪的國文課文還沒背，卻只顧著東摸摸西摸摸、玩筆芯、發呆……過了一個小時，他還沒背好。

耗到最後大姊姊都快沒耐性了，只好請他背給仁淵聽，仁淵對他比較好，一直給提示，終於勉強背完。但最令大姊姊生氣的是，一開始他為了不想背課文，竟然騙說沒帶課本！

仁淵也不遑多讓。上完安親班來到課輔班，都跟大姊姊們說功課寫完了，原來他的功課常常是把安親班老師給的答案抄下來，自己並不知其所以然；如果稍稍改變題型，他就不會了。

曾經有一次，大姊姊出了幾個相似的題目給他練習，第一次全錯；大姊姊為他講解後再練習，第二次錯了三題；到了第三次他就哭了。功課還沒訂正完，九點鐘一到，他硬是急著要衝回家；最後雖然被留下來，直到學會了才放人，但少不了挨等候在旁的賴媽媽一頓罵，被識破的仁淵又哭了！

「這就是小孩子，唉！」大姊姊不禁感嘆。後來他終於完全學會，大姊姊很想跟他說聲：「恭喜呀！你是很棒的。」提起兄弟倆的趣事，大哥哥、大姊姊們爆料一籮筐，真是好氣又好笑。

仁豪的功課不錯，理解能力好、學習意願高，整理的筆記有條不紊，常令大家讚不絕口。江柑甚至讓他穿上志工背心當小老師，教同年級的孩子；他倒是一點都不含糊，有模有樣地完成任務。

有時候仁淵也跟一般孩子一樣會頂嘴，讓賴媽媽很擔心。來到課輔班情況也差不多，有時也許是太累了，什麼都說「不要」，曾經有大哥哥幾乎被他惹毛了。

「這些都是孩子們成長的過程；只要有進步，一切都值得！」課輔班的「桶箍」江柑，時常叮嚀大哥哥、大姊姊們要多關心孩子，了解他們在學校的狀況，要當孩子們的朋友。同時她強調，除了功課以外還有更重要的，就是愛。

緊緊守護著這個家的「桶箍」賴媽媽，又經歷了什麼樣的心路歷程呢？

那一段天快塌的日子

賴媽媽憶起往事說道，十四年前她二十六歲，住在緬甸果港，經姊姊介紹認識來自臺灣的賴先生。嫁過來以後跟婆婆同住，一年後婆婆生病、自己也懷孕了，接連生下兩個小壯丁，三年後婆婆罹癌去世。

直到仁淵快上幼稚園的時候，賴爸爸開始生病了，突如其來的變故，讓賴媽媽愕然不知所措。

她形容當時的心情說道：「感覺天都快塌下來了，一直以來忙著照顧這個家，從沒有出去工作過，也不知道能做些什麼？要照顧我先生、還要賺錢養家，小孩又那麼小，還有房貸等著償還……」

賴爸爸無法工作在家住了一年，期間因併發症引起感染，很快地退化了，再加上癲癇發作昏迷過，從此不會講話也不能走路。在醫院待了兩個月，醫院社服部社工擔心孩子還小，這樣下去萬一賴媽媽也被拖垮了怎麼辦，於是建議請家人一起來商量要怎麼處理？

「從來沒有遇到過這種事情，根本不知道怎麼辦？我只是一直哭一直哭……」賴媽媽敘述著往事，令人很不捨，不知道她是怎麼走過來的？

經社會局社工協助，賴爸爸住進了護理之家，五年後過世。賴媽媽有些自責地表示，也許是因為自己每天忙著顧婆婆、顧小孩疏忽了，應該多關心忙著工作還得帶婆婆往返就醫的先生。

回首前塵往事，賴媽媽坦言賴爸爸病倒後，精神壓力過大的她，曾經晚上沒辦法睡覺，滿腦子煩惱著，三天兩頭跑醫院送急診；家裏已經沒錢了，卻仍然要盤算著，還要多少錢才能過得了關？

賴媽媽接著說道：「當時很想死掉就算了，不用這樣扛著，但是又想到這兩個孩子……」

有愛的孩子最幸福

江柑鼓勵兄弟倆：「有媽媽的孩子就是幸福多了，你們要多體貼、多珍惜媽媽。」

每個月都去賴家關懷的陳錦錡表示：「兄弟倆幾乎每年都申請

到慈濟的新芽獎學金；現在看起來，愈來愈懂事能體諒媽媽的辛苦，也懂得要幫媽媽的忙。眼看著這個家庭漸漸地走出低谷，循序漸進地迎向黎明的曙光。真為他們高興啊！」

共同走過課輔班四年的時光，兄弟倆心裏一直想要跟大哥哥、大姊姊們說：「謝謝您們帶給我們許許多多的快樂。」「感謝您們抽時間來陪我們，要祝福您們『都平平安安！』」

事過境遷，賴媽媽感謝隨著這一切的因緣，反而讓自己更茁壯，讓這個家更緊密。「感恩這一路走來遇到了許多貴人，看到這麼多人非親非故卻對我們這麼好，大家都這樣在幫我們了，自己也要更努力，千萬不能放棄。」

那一段難忘時光

文—高玉美

秀美從越南遠嫁臺灣，生下兩個兒子，不料先生卻在洗腎六、七年後往生。「我真的很感恩，兩個孩子在課輔班不僅功課有人輔導，也變得有禮與貼心。」

嬌小秀氣的秀美，坐在歷文的身旁，彷彿姊弟般，側臉聽著兒子說著在課輔班的趣事，忍不住輕輕打了兒子的手背說：「你真的很臭屁耶！」

國三的歷文微微翹起下巴說：「誰叫我是三重的『阿部寬』。」

「我真的很感恩慈濟，我的兩個孩子在課輔班，不僅功課有人輔導與督促，也變得有禮與貼心。」秀美微紅著眼眶說。

不忍丟下孩子回越南

秀美二十年前從越南遠嫁臺灣，第二年就生下老大歷哲，四年後，老二歷文也降臨在這個原本應該快樂和諧的家庭。

然而，陳爸爸在兩個孩子還很小的時候，身體出現狀況，血壓、血脂、血糖控制不好，一發現病兆就被醫師判定需終身洗腎。加上陳爸爸對金錢管理失當，家道中落。堅強的秀美扛起一家生計，外出工作，先生卻在洗腎六、七年後，不幸往生。

「這段時間，還好越南的父母親輪流到臺灣幫我照顧小孩，我才能安心出去上班賺錢……」母親不捨女兒遠嫁臺灣，年紀輕輕卻要肩負一家的重擔，曾勸當時不到三十歲的秀美離婚，回到越南。

「我怎麼可能丟下孩子……」秀美斷然拒絕。母子三人在臺灣相依為命，五樓頂加蓋的房子，是母子三人的居所。白天在連鎖咖啡店上班的秀美，回到家，經常右手痛到舉不起來，兩個兒子把家裏整理得井井有條，讓媽媽回到家不必再操勞家事。

「你們兩兄弟要乖，媽媽要出門上班，你們專心讀書，不要讓我操心……」兩個不大不小的男孩子也真的很貼心，會主動分攤家務。爸爸往生時，歷文還小，哥哥承擔大部分的家事，洗碗、拖地、洗晒衣物……歷文也會在旁邊幫忙。

秀美下班回到家裏，看到陽臺晾晒的衣物，心中一股暖流沖淡喪夫的哀傷：「兩個孩子真的讓我好放心，再多的辛苦都值得了。」

兩兄弟放學後的去處

這一切的不幸，住在附近的江柑全看在眼裏。二〇一四年十月底，她走進陳家，向秀美提出讓上國二的歷哲和小四的歷文下課後到課輔班學習。

一聽到放學還要到課輔班上課，淘氣的歷文千百個不願意說：「放學不能看電視，不能打電動，還要繼續上課……」有再多的理由，聽話的歷哲及歷文還是乖乖地來報到。

每星期課輔班會安排一堂人文課程，有時候是播放「地球的孩子」，有時候播放「證嚴法師說故事」小故事蘊含大道理，往往啟發孩子們本具的善念。

歷文說：「很奇怪，我覺得好幾次的故事好像特別為我挑的，白天才跟同學起衝突，心裏很嘔，人文課時，就會聽到：『不要拿別人的錯誤來懲罰自己。』就不會那麼生氣了。」

身為兄長的歷哲與淘氣的歷文是兩個不同典型的個性，歷文在班上活潑調皮，江柑經常出言制止：「歷文，你要安靜一點，你一直說話聊天會影響其他人的學習……」江柑像阿嬤般念叨著淘氣的歷文。一聽到江柑的聲音，歷文乖乖地轉回頭認真寫作業。

提起歷文的調皮，江柑說：「歷文古靈精怪的，每次上課時老是坐不住，一會兒喝水，一會兒上洗手間……花樣特別多！上課時還會帶頭作弄老師，不過當他穿起志工背心擔任小老師，指導低年級同學的功課時，正經八百的態度，又讓人刮目相看。」

江柑心中，每個孩子都有獨特的個性與特質，只要善用技巧，因材施教地引導他們展現特點，他們都能表現得很好。這也是課輔班另一項功能。

「小斌哥哥，我功課寫完了。」課輔老師楊逸斌是歷文最常聊天的對象；現任警職的陳晉煒，陽光的形象，更是歷文學習的榜樣。歷文對於文科及史地有高度的學習興趣，「小斌哥哥」就是歷文聊歷史典故的最佳夥伴。

因為幾位課輔哥哥、姊姊用心地陪伴，歷文漸漸地愛上了課輔班，「在這邊可以有新朋友，又有哥哥可以陪我聊學校功課以外的知識，我覺得視野被打開了，想法也不同了。」歷文開心地說。

課輔老師陳晉煒提及兩兄弟說：「他們會相互照顧，也會照顧課輔班的弟弟、妹妹。」有一次，陳晉煒要求歷哲上臺做學習報告，歷哲非常用心地將分享主題結合動畫做成簡報，上臺分享。從小動作裏，就可以看到孩子的用心與學習成果。

相較歷文的調皮，身為哥哥的歷哲對弟弟的愛護，讓課輔老師們印象深刻。江柑說：「有一回我們辦校外教學，那天的食物大家都吃得很開心；回程時，歷哲一直用手機上網找食譜，說要回家煮給弟弟吃。」

對料理有興趣的歷哲表示：「現在資訊取得很方便，我也喜歡煮菜，加上歷文很捧場，只要有空，我就煮好放在桌上，他放學回來，自己加熱就能吃了。」歷文對哥哥煮的麻婆豆腐最捧場，看弟弟吃得盤底朝天，歷哲得意地說：「我還會燒很多菜。」

某天上課時，忽然下起大雨，歷文家離課輔班不到二十公尺，當時已經讀高中的歷哲，在下課前拿著傘來接弟弟回家，兄弟情深的表現，讓志工老師們好感動。

雖然只有兩分鐘路程，歷文卻是經常遲到。有一回，歷文剛踏進課輔班，正好遇到江柑，「你喔！住得最近，還經常遲到，我需不需要從你家五樓頂架一座滑梯，讓你從五樓直接溜下來就好。」

班上的小朋友接腔道：「您架一個流籠，從上面溜下來這樣比較帥，酷多了。」一句話，逗得全班笑呵呵。

雖然兩兄弟感情很好，難免也有鬧脾氣的時候；秀美對孩子的功課要求嚴格，有一次歷哲功課退步，秀美很生氣，處罰兩兄弟不准上網玩桌遊。

歷文覺得很不公平，在言語上對哥哥不甚禮貌，被媽媽責罰已經很嘔的歷哲，一時火氣上來，甩了歷文一巴掌。當下就被秀美責罵：「你怎麼可以把氣出在弟弟身上，還打他……」

看到母親生氣的樣子及弟弟無端受委屈，歷哲很懊悔，回到房間就對著弟弟九十度鞠躬說：「今天是我不對，我向你道歉。」

護送「老」師到捷運站

奧地利籍老師布蘭德加入課輔班時，成員大多是小學生，只有歷文是國中程度，江柑就鼓勵歷文多多向布蘭德老師討教。

「江柑師姑實在很可愛，我的破英文跟布蘭德老師的瞥腳中文，硬要把我們湊在一塊兒，唉！」當時，為了不讓布蘭德來到課輔班沒學生可教，歷文成了布蘭德的得意門生。這段趣事，歷文至今都還覺得好玩。

兩位年齡相差將近一甲子的師生，自有他們的相處模式「dining table是指餐桌，你剛才說的desk是書桌的意思，兩個字不要用錯了。」布蘭德經常指正英語用法的小錯誤，歷文也在他的傾囊相授下，對英語產生興趣。

「歷文，布蘭德老師家住林口，年紀也大了，下課又這麼晚，路上黑，我不放心他一個人走到捷運站，你可以送老師到捷運站搭車嗎？」一聽到江柑要自己陪布蘭德，心中雖然有點小抗拒，但兩次相處也讓他不忍拒絕說：「那你要陪我喔！」

「好啦，我們一起送老師去搭車。」江柑捨時間陪伴。

到了第三週，江柑把歷文拉到教室後面說：「你知道下課的時候，我最忙，如果去捷運站再回來，很多事沒人處理，你可以自己送老師嗎？」江柑沒想到一向愛唱反調的歷文居然一口答應。

就這樣開始師徒兩人每週一的「十八相送」，歷文也遵照江柑的吩咐，要讓布蘭德走內側，遇到路不平時，要細心地提醒。在歷文送布蘭德到捷運站時，江柑從後方拍下一老一小步行的背影，畫面好溫馨。

歷文一直看到布蘭德進站刷卡，自己再步行回家，「沒辦法，江媽交代的！」明明很貼心，要酷的歷文把臉埋進雙手裏說著。

每年暑假，布蘭德都會回奧地利探親，而他的生日正值七月，為了給布蘭德一個驚喜，江柑事先預訂一個大蛋糕：「歷文，給老師的生日賀卡由你寫，全部的同學再簽名。」

當江柑提出這個想法時，正在寫作業的歷文抬頭問：「你是說我嗎？」「不是你，還有誰？」江柑低著頭笑著回答歷文。

當晚，歷文回到家，上網搜尋中翻英的生日賀詞及感謝語，寫了一張文情並茂的卡片。感謝布蘭德用愛心陪伴課輔班的同學，細心指正英文的詞語用法等。

「雖然老師知道我的英文程度寫不出這麼優的詞句，總是要稍微—稍微—嘿嘿！」歷文調皮的個性，又毫不隱藏地顯現出來。

就在慶生的當天，課輔班提前收拾文具，教室燈光一暗，歷文雙手捧著蛋糕，全體課輔老師及小朋友唱著：「HAPPY BIRTHDAY TO YOU……HAPPY BIRTHDAY TO YOU……」布蘭德開心地笑了。

布蘭德說：「好特別的生日會，它讓我難忘，謝謝你們。」這一天，布蘭德又忘情地唱起他喜愛的奧地利民謠。生日會結束，歷文照往常一樣送布蘭德到捷運站，一出課輔班大門，歷文習慣性地讓老師靠著內側走，保護老師的安全。布蘭德在幾天後，回到奧地利探親度假去了。

課輔班孩子永遠的家

時光荏苒，轉眼間已過了五年，歷哲是國立大學一年級的大孩子了，白天在速食店打工，減輕媽媽的負擔，晚上讀書。而歷文也升上國三，忙著準備升學考試。

對於在課輔班的時光裏，兩兄弟充滿感恩，感恩江柑的無私付出與愛心，也感恩所有課輔哥哥、姊姊，歷文更感恩布蘭德提升他對英語的學習興趣。

知道兩兄弟的近況，歷哲就讀理想的學校，歷文也有自己的人生志向，簡羚茜開心地說：「你們都長大了，要聽媽媽的話，做一個孝順的好孩子；希望你們用真誠的心，傳遞人間的美善，帶動善的循環。」

江柑看著從出生到成長的兩兄弟，心中有滿滿的感觸，「秀美真的好辛苦，也很勇敢，兩個孩子教得很有禮貌又懂事。為母則強這句話用在秀美身上，最是寫實與貼切。」

小小蝴蝶真美麗

文—林綉娟

「課輔班下課後，有故事書可以看。」以德在閱讀的世界裏，自由翱翔，「小毛毛蟲會變中、變大、變更大，然後變成一顆『蛋』，最後變成蝴蝶……」

「鉛筆1呀，鴨鴨2；耳朵3呀，帆船4；勾勾5呀，大肚6……」課輔班老師蔡淑華帶著以真唱著童謠，一邊畫畫，一邊學算術。看到妹妹上課，還可以快樂地畫畫，哥哥以德很好奇也很心動，忍不住頻頻探頭。

以真和以德在課輔班不過短短一個學期，從她剛到課輔班就指名要人氣很高的陳晉煒當老師開始，一直到後來這麼黏著蔡淑華，中間是個漫長的磨合過程。

學習「歸零」的小女孩

過短的舌繫帶，讓以真說話時就像嘴裏含著口水，咕嚕咕嚕，沒人能懂她的話；她苦，老師也苦，常常一急，情緒就上來了。

曾在補習班任教的蔡淑華不諱言：「那個挫折感真的很大，尤其以真還有學習遲緩、情緒不穩的問題，常常教過的東西，下次就『歸零』了。」

「有段時間我也很掙扎，怎麼接了這樣的小孩？但只要想到祈禱時間，小女孩雙手合十、純真虔誠的模樣，心裏就很不忍。」蔡淑華告訴自己要多想以真的好，遇到溝溝坎坎就自己想辦法排解。

「像以真這樣的孩子，不是一廂情願地想要給什麼，她就能吸收什麼。」蔡淑華常要挖空心思，讓以真可以專注，即使只能維持短短的十分鐘。

「幸好我發現她喜歡畫畫，一方面也是穩定情緒，讓她可以融入在這樣的環境裏，但又不能抱著殺時間的心態，把所有時間都拿來畫畫，那就用畫畫來教她學習吧！最重要的是，我也要對自己有所交代。」對於以真常有的「不受控」，蔡淑華適時地抛出求救訊息，與江柑一個扮黑臉、一個扮白臉，通常這招對以真很管用。

在以真身上，蔡淑華也學到了兩門很重要的功課——接受與歸零，接受以真能吸收的有限，「接受她就是我所見的樣子，然後盡我所能；歸零，不只是以真的學習，還要將我每一天的挫折、無力與失落感，在新的一天都重新歸零。」

每個人都希望被看見、被肯定，小小的以真也不例外，只要有一丁點的進步，乘著爸爸來接她回家的時候，蔡淑華會當面誇獎，讓她更有學習動力。

總是坐不住的小男孩

哥哥以德是個機靈的小孩，卻有過動及注意力不足的問題，陪伴他的張志強是位特教老師。

「要讓他一直有事情忙，還要排除環境的刺激。」張志強為以德設計了一套教學流程，善用字卡讓他認識注音符號、訓練他寫名字，反覆練習一般孩子在小一時就應該學會的課程。

儘管上課輔班的時間不長，但以德卻很喜歡。

「為什麼喜歡？」曾有志工這麼問。

「因為下課後有故事書可以看。」在閱讀的世界裏，可以自由翱翔，以德顯然很自得其樂。

「這麼喜歡故事書啊！那你最喜歡哪一本？」

「毛毛蟲……」以德絮絮叨叨又帶點興奮地說：「小毛毛蟲會變中、變大、變更大，然後變成一顆『蛋』，最後變成蝴蝶……」

年輕爸爸與女朋友

以真幾個月大時，媽媽就在他們的成長記憶中缺席，他們由阿公、阿嬤帶大，甚至不記得曾經有過一個媽媽。因為隔代教養、經濟的弱勢，再加上疏於管教，讓這對兄妹倆處於「成長的弱勢」。

「不要讓弱勢複製弱勢」，陪伴以德一家近兩年的慈濟志工林阿新，語氣間透露出無奈與擔憂。她推薦兄妹倆到課輔班，江柑對他們的第一印象是「乏人照料」；負責接送的爸爸阿明年紀仍輕，對於江柑的熱情招呼，經常是漠然以對。

相約探望兩兄妹的這一天，林阿新手上抱著兩包米，一包大概有兩斤多。「這兩包米是要做什麼的？」「就阿明說想要吃飯啦！」林阿新輕淺一笑。

同行的志工為兩兄妹帶來了手工餅乾、福慧珍粥，還有江柑特地從課輔班的書櫃裏挑出的幾本童書以及布偶。

才走到二樓的樓梯間，就聽到小女孩的哭喊聲，而哭聲來源正是以真。略顯清瘦的以真，糊著一臉的鼻涕與淚水，將一支比自己還高的掃把揣在懷裏，用著極不協調的動作「掃著」地上幾坨面紙。

從志工手中接過布偶，正在做語言治療的以真，語意不清地說了一長串，卻只能隱約聽到「謝謝」兩個字；以德拿到布偶，高興地跳到床上去展示他的成果——通鋪上一張雙人彈簧床，床上有成堆的衣服，床的一旁就是以德收藏的布偶，算一算不下三十來隻。

在這大冷天裏，以真拖著一條被子，光腳走來走去。林阿新看不過去，提醒阿明要教孩子規矩，看到以真一頭糾結的長髮，更是忍不住叮嚀阿姨：「你要學著幫以真洗頭髮。」

「她怕水，不讓我洗……」阿姨，是阿明在網路聊天室認識的女友；阿明平日在鈑金廠打零工，還要負責接送兩個小孩、幫忙洗澡、做家事……儘管家裏有位「女主人」，卻經常要一人分飾兩角。

期待一雙學習的翅膀

家裏一下子來了這麼多人，以德顯得很興奮，不時穿梭在大人之中，忙著回答各式各樣問題。一會兒趴在地上畫畫，不一會又起身，興致勃勃地介紹畫裏的人物。左撇子的他已經小學二年級，寫起自己的名字完全沒有筆畫的概念，倒像是「畫」出來的。

一旁，林阿新關心地問爸爸：「以德平日成績怎麼樣？」

「一年級考九十分，二年級考十幾分。」爸爸語氣有點激昂，「應該是沒有複習的關係。」

兄妹倆經由林阿新介紹，在以德一年級下學期時，由爸爸送他們來課輔班，大概上了一個學期，後來因為疫情而暫時中斷。

以德的頭頂有兩個髮旋，儘管爸爸說這樣的小孩不好教，但以德看起來根本就是家中的開心果，大方明亮。等到大家要合照時，活潑的他，忽然冒出一句「要不要把阿公、阿嬤（指著牆上遺照）請下來？」逗得大家都笑開了，也顯露出他天真爛漫的一面。

結束家訪前，以德主動對江柑說：「我愛你！」還用志工的手機錄唱了一首「蝴蝶、蝴蝶生得真美麗……」給他最想念的「志強哥哥」。最後，大方地跟每位志工大大地擁抱了一下。

「如果開課，要不要再去？」

以德興奮地說「要！」毫無猶豫。

輯二

春風縈繞百花香

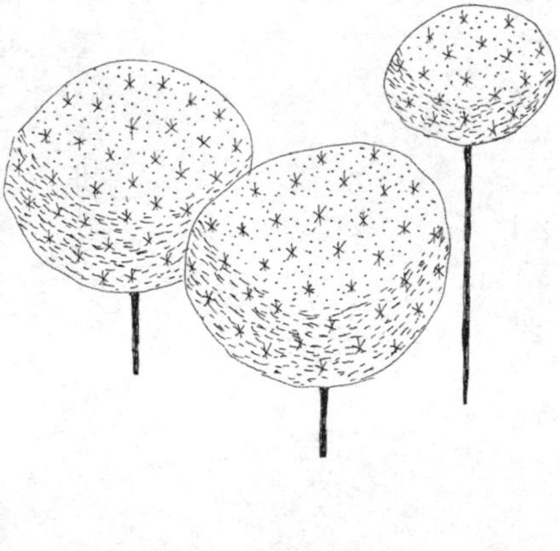

久別重逢的因緣——廖淑里

文——林佩臻

原本只想來教一次，不可思議的因緣讓廖淑里留下來了，這些孩子成了她放不下的甜蜜負擔，只有繼續深耕教育，為孩子們，再戰。

「為什麼不進教室？」

「門沒開。」

一九九三年，補習班老師廖淑里依往常來到教室，卻看到一群學生站在補習班外面，無法進去。

補習班因為經營不善，班主任在無預警之下，預收學生四個月費用後，私下將補習班轉讓，可是接手的補習班卻再次要向家長收費。學生沒地方去，原班主任避不見面，廖淑里留下來獨自處理爛攤子。

廖淑里知道，補習費是三重很多家長做手工或粗工，一點一滴存下來的辛苦錢。她不僅要安撫這些家長，也要找班主任出來面對，還不時遭到黑道背景的家長「問候」，那段日子，她身心備受煎熬。

從小深受父母疼愛的廖淑里，生活養尊處優，只想自由自在當個上班族，沒想到自己會遭遇這種事。不過，危機也是轉機，一個善念，想著這十九個學生何去何從？從此，她的人生產生巨變。

月考要到了，為了幫十九個學生免費補習，在弟弟的支持下，廖淑里和弟弟自掏腰包、各出一半租金，租下三重精華區一處大樓充當教室，「租金好貴，我那時候鐵了心，想說四個月教完就不教了。簡單擺了十張桌子，開始幫學生免費補習，想著四個月一到就換工作，重新開始。」

沒想到，家長們看到廖淑里的認真與真誠，開始情義相挺，要求她繼續為孩子補習。就這樣，廖淑里從一九九四年開辦補習班，一做二十多年，沒有招生、沒有廣告，靠著口碑一個傳一個，擴張到最多時有一百多個學生。

廣招學生 不浪費人力

一九九五年，廖淑里拿到介紹慈濟的書刊，看了很感動。她打電話到臺北分會表示要捐款，志工親自來補習班收善款，見她忙不過來，還陪伴協助打掃，她從此和慈濟結下深厚的緣分。

「她笑得好大聲，好開朗。」廖淑里在三重慈少班當隊輔媽媽，早已耳聞過同在慈少班的江柑，彼此雖不相識，對江柑爽朗的笑聲卻留下特別的印象。

二〇〇七年，慈濟照顧戶、國小六年級的濟正，父母短時間內相繼往生，遭受打擊與驚嚇而封閉自己。江柑透過志工林律均找到廖淑里，想讓濟正到她的班上補習。

廖淑里和國小主任退休的廖媽媽，了解濟正的背景後，認為書讀得好不好還在其次，但是品德絕不能變壞。

剛到補習班的濟正連加減法都有問題，廖淑里運用同儕的力量，請功課很好的學生吳小翰提早到補習班，教濟正功課。但小翰下午四點多就到補習班，晚上九點才下課，晚餐怎麼解決？

在志工余美惠的牽線下，長泰派出所供應晚餐並熱心送到補習班，解決了小翰的晚餐問題。

經過一段時間的學習互動，廖淑里發現濟正不一樣了：「他剛來時眼神飄忽，後來變得愛說話，人也開朗了，還交到了無話不談的好朋友小翰。」

廖淑里的補習班只教國小學生，濟正國小畢業，江柑又開始緊張了。剛開始請人到濟正家裏教，幾經考量移至三重園區，最後，她把濟正帶到家裏並請慈青蘇建凱來教他，蘇建凱的室友也一起過來教導；江柑覺得不能浪費人力，就讓慈濟訪視志工把照顧戶的孩子都送過來。

隨著孩子人數愈來愈多，「三重新芽課輔班」因此成立。不僅為孩子輔導功課，每星期還有人文課，加強品德教育。廖淑里為了導正補習班部分偏差的學生，也會讓他們去課輔班上品德教育課。

而江柑也開始遊說廖淑里加入課輔班，但當時廖淑里的學生很多，加上廖媽媽開始出現失智症狀，單身的她實在分不開身。

為了照顧母親，廖淑里慢慢減少招生，二〇一四年全面結束補習班的事業。照顧失智親人的壓力龐大，讓她身心俱疲：「母親往生後，自己也生病了。」為了照顧母親，廖淑里研讀失智相關書籍，還考了照顧服務員證照。

母親往生後，剛好溪美托老中心成立，廖淑里成了第一個志工，為老人奉獻心力，後來成了專職的照顧服務員。為老人把屎把尿不要緊，但有時一天之內就要面對好幾位熟悉的老人家驟然而逝，廖淑里的人生再度面臨巨大轉變與省思。

阿嬤疼孫 再戰課輔班

因緣奇妙，有一次廖淑里去上醫院志工的課程，竟然遇到正在找課輔老師的江柑。江柑一見她便說：「就是你了！」

江柑不斷遊說邀請，廖淑里卻是能推就推，兩人展開攻防戰。很少上菜市場的廖淑里，那段時間只要到市場就會遇到江柑；有一次廖淑里去淨灘，又遇到江柑在後面一直喊：「淑里老師、淑里老師，你什麼時候要去課輔班？」

「唉喲！我不想去啦！」

「一天就好，一天就好，星期一或星期三讓你選。」江柑笑說：「拜託人家，是我的專長。」最後，江柑的真誠感動了廖淑里，廖淑里同意重操舊業，為孩子上課。

已脫離補教界多年的廖淑里，其實還想著先來上一次課，再拒絕。但當她看到清秀的學生子偉，又了解孩子的身世背景後，她就不再想離開的事了，從此抱著「阿嬤疼孫」的心情來上課。「以前補習班有來自家長的壓力，所以對學生的功課、成績要求十分嚴格；現在，看到課輔班孩子的背後都有故事，不忍心再加苛責。」

當時國小一年級的子偉，是廖淑里在課輔班的第一個學生，和從前的濟正遭遇頗為類似。學校的功課，注音符號都識不全，令人頗為頭疼，廖淑里想著：「這孩子要怎麼教啊？」

後來轉念，心想濟正當初功課也不好，現在已是兩個孩子的爸爸，有一個很不錯的家庭，廖淑里決定：「我要讓子偉和濟正一樣，以後回想起來，曾經在這邊有一段快樂的日子，這樣就好了。」

廖淑里發現子偉很喜歡畫畫，便自掏腰包買練習簿和圖畫本；又準備子偉喜歡吃的小點心，看他吃得好滿足。她再度發現子偉變得不一樣了，由剛開始不喜歡上課，到漸漸活潑了，對視覺的記憶組織能力很不錯。

「原本只想來教一次，之後時間到就會準時出現，同時想著，今天要為學生準備什麼，讓他喜歡來這裏？」課輔班是廖淑里放不下的甜蜜負擔，因緣不可思議讓她留下來了，留在課輔班深耕教育，為孩子們，再戰。

總會招架得住——張志強

文—陳美羿

張志強出生後被診斷是腦性麻痺，因為自己是「特殊需求學生」，所以大學念了「特教系」。來到課輔班，他輔導一般老師較難應付的小朋友。

冬日下午四點，放學了！資源班老師張志強依然留在學校，忙到天色暗下來，才收拾背包，騎上摩托車，回到三重外公家吃晚飯。「我從小就在這裏吃飯、長大。」張志強笑說：「我們『家』吃飯很熱鬧，大人有外公、外婆、爸爸、媽媽、舅舅；小輩的有阿姨和舅舅的孩子，我們五個壯丁。」

張志強還有一個妹妹，就讀藝術大學舞蹈系。「妹妹很忙，偶爾也會回來『蹭飯』。」他有點吃醋地說：「跳舞的小公主一回來，外婆就會趕緊去『加菜』。」

吃過飯，張志強又騎上摩托車，來到三重新芽課輔班，迎接小朋友來上課。「志強哥哥來了！去吃飯！」受不了香味十足的佳餚，張志強有時也會拿起碗筷，再次享用課輔班香積媽媽的愛心。

找「罩門」、勿觸「燃點」

張志強是早產兒，出生後被診斷是腦性麻痺，五歲才會走路。這期間，「虎媽」呂敏惠非常辛苦，背著兒子到處求醫、做復健。外公也在家裏請人做了許多復健設施，天天鍥而不捨地練習，因此張志強除了走路些微有些異樣之外，語言、四肢都正常。

因為自己是「特殊需求學生」，所以在臺南大學就讀「特教系」，希望幫助需要的人。白天在學校擔任資源班老師；來到課輔班，他也輔導一般老師較難應付的小朋友。

「子瑞和以德都有資源班的聯絡簿，他們都是特殊兒童。」張志強說：「剛開始，我也幾乎招架不住。慢慢熟悉後，才找到他們的『罩門』。」當時子瑞是三年級，學校作業不是空白，就是亂塗。要他用心把功課做完，他就乾脆趴在桌上，任大哥哥怎麼叫他，頭也不抬。再叫他，「哇」的一聲，就放聲大哭。

「不叫他，他還真會睡著。」有時他會「尿遁」，假裝上廁所，躲在裏頭不出來。所以張志強常常要到廁所去找孩子。

「他有書寫困難，沒耐心。」張志強說：「慢慢摸熟了他的『燃點』，我就小心翼翼地不去觸及他情緒的引爆點。」

有一次，張志強發現子瑞的書包臭臭的，把亂七八糟的東西掏出來後，原來裏面有一條爛香蕉。

「志強買了一個新書包送他，鼓勵他用功讀書，書包也要整理整齊。」張志強的媽媽呂敏惠是慈濟訪視志工，想方設法邀兒子加入課輔志工後，欣見他對孩子們的用心，「他常常自掏腰包買小禮物當『獎品』，鼓勵孩子。」

不花錢的「口頭獎勵」也是很有效的，畢竟人都需要鼓勵和讚美，小孩也不例外。早點休息，讓他可以跟其他小朋友玩，也是很好的「利器」，為了爭取「自由」，他也會乖乖地看題目、寫答案。「磨」了半年下來，子瑞終於可以自己完成作業。

面對搗蛋不抓狂

繼子瑞之後，又來了一個更小的以德。以德一年級，幼稚園的妹妹以真也跟著來。以德像條泥鰍，滑溜溜的，抓也抓不住；妹妹有語言障礙，口齒不清。

張志強說：「這兩個孩子髒兮兮的，身上都有一股臭味。顯然都沒洗澡，也沒換衣服。」慈濟志工給他們送了洗衣機、老師也送了熱水器，家裏還是一團亂，孩子還是髒髒臭臭的。

課輔老師常會幫他們剪指甲，後來送了指甲刀，教他們自己剪。以德的爸爸送孩子來時，江柑都會請他進來，告訴他要讓孩子洗澡、換乾淨的衣服。「還要他向老師道謝，大人也要教育啊！這些志工老師免費為小朋友課輔，為人父母也要學習感恩才對。」

以德的父親說，這孩子是「發展遲緩」，張志強上了幾節課之後，發覺孩子坐不住，無法專心寫作業。「他一點基礎都沒有，自己的名字不會寫，注音符號也都不認識。」張志強只好從頭教。

「把你的屁股『黏』在椅子上！」聽到張志強這句話，課輔班的師生都發出會心的一笑：一定是以德又偷偷要溜走了。

張志強說：「我跟他做『提前約束』，不可以隨便離開座位；但是有時候他還是會忘掉，畢竟是一個好動的小孩嘛！」

「坐好！」兩個字，威嚴又冷冰冰的感覺；「把你的屁股『黏』在椅子上！」親暱又有趣，所以以德就笑瞇瞇，乖乖地坐回去。

張志強比較在資源班那些孩子，他說，子瑞和以德算是很好教的。看著他們的進步，心裏還滿有成就感的。

其實課輔班不是補習班，也不是安親班。功能除了課業之外，還有更重要的人文課。每週三第一個小時，都會安排專業優秀的講師，來跟孩子進行活動，張志強和楊逸斌輪流記錄。寫好之後，送上雲端，由陳晉煒彙整，珍貴的活動紀錄就永久保存了。

「為了做紀錄，我必須認真聽講，所以獲益最大的是我自己。」張志強說：「有位陳秀玲老師，她是專業的心理師，超厲害的。」

國中的歷文，急著要寫作業，不想上課，就一直搗蛋。伶牙利齒地跟老師鬥嘴、嗆聲、唱反調，要是沒經驗的老師早就抓狂了，但是陳秀玲氣定神閒，用了一些技巧，讓歷文乖乖閉嘴、乖乖就範。

「呵！我好佩服！其實上任何課程，只要用心學習，都有大收穫。」張志強把課輔班學到的，帶回學校去用，讓教學更得心應手。

四個學生九個老師

呂敏惠的訪視關懷中，有一個黃姓家庭的四個孩子，分別是小四的鈞翰、小三的可欣，和一年級的雙胞胎姊妹。黃爸爸打零工，媽媽是印尼新住民，都無法給孩子指導功課。好不容易去上課輔班，大家都有顯著進步。課輔班因疫情喊停，功課又跟不上了。

「媽媽很為他們著急，因為功課達不到標準，不能領新芽獎學金。」張志強笑說：「媽媽就拉我去他們家，為他們課輔。」

母子倆要教四個孩子，顯然不夠。呂敏惠就邀了她的朋友林余桂來協助；張志強也在群組發出訊息，徵求老師。

「原來的課輔夥伴林嘉涵、丁秀蘭、黃至毅……紛紛響應。」張志強說，「現在黃家的教師群有九個人，想去課輔都要輪流喔！」

大家相互幫忙，如果有人有事無法課輔，就有其他人隨時補位。目前這個小小的課輔班，連寒假都沒停，還安排了做耶誕卡、賀年卡、閱讀課外讀物等活動。

「我媽媽真的好雞婆，又好厲害。她居然說服了鈞翰的媽媽去上新住民補校。」張志強說：「黃媽媽去學了注音符號和中文，呵呵！好戲在後頭！」

張志強故作神祕，自己忍不住哈哈大笑說：「我聽見鈞翰跳腳說，媽媽！你怎麼可以幫妹妹寫作業？」原來新住民媽媽上了學，還可以偷偷為女兒寫作業，當「槍手」。

■志強與虎媽

文—顧敏慧

「早產兩個月的志強，因為黃疸而歷經換血三次。」呂敏惠描述這段育兒記時，原本開朗的笑容，忽然抹上一層陰影……她平常忙著工作，照料志強的工作，只好仰仗娘家父母。

志強肢體活動雖有點緩慢，還算是一個可愛安靜的娃娃，左鄰右舍親朋好友的關心與安慰，總是那句「大隻雞慢啼」，很容易讓人對未來有不實的憧憬。就這樣，志強從一歲邁入兩歲時，依然癱在床上，連坐都辦不到。一直是把志強當心肝寶貝的外公、外婆，心裏有著不知所措的擔憂。

「你兒子已經兩歲了，還無法坐，你應該帶去醫院檢查一下。」外婆語氣沈重地說。呂敏惠只好暫時丟下工作，帶著五官長得明朗可愛，但沒辦法邁出一步的志強，開始走訪醫院。

經過醫師說明，志強是「腦性麻痺」，是一種早產兒常見的神經疾患，可能會影響主管下肢的神經傳導路徑，容易造成肢體兩側痙攣性麻痺的後遺症。醫師也解釋了，只要不斷復健、職能治療，神經可以被修復，往後也能正常行走。

各大醫院都有他們的蹤跡，虎媽一直暗暗評估比較，哪一家復健計畫最適合志強，針灸、氣功也一樣樣試著，「把悲傷化為力量！」虎媽不管志強是否適用，只要有一線希望便堅持嘗試。

但是幼小的志強常常無法忍受，種種奇怪治療方法或復健的煎熬，自然是求饒似地哭喊著。然而虎媽不但不妥協，威脅利誘的緊迫指令聲還一次一次吼著：「不能停！繼續練！」忍受這一切苦痛，志強的復健成效總算比其他孩子進步都快。

「深深感恩我的爸媽，永遠當我們的後盾，不斷支持與鼓勵。」呂敏惠感激地說著，「志強的外公曾經自己買來三角板，製作各式復健輔助器材，好讓志強天天都能復健。」

皇天不負苦心人，志強復健有了很好的成效。心情不好時，外公、外婆也是他最好的安撫者。

一旁聽著媽媽敘述自己復健的坎坷路，志強那張溫和的臉，偶爾嘴角會上揚一下，似乎媽媽講的是別人的故事；唯有說到自己讀小學時被同學霸凌時……「我覺得自己很冤，明明是我被同學作弄，老師還怪我反應過度，要媽媽帶我去做心理輔導。」

志強描述著，媽媽還真聽老師的話，母子去看了心理師。因為經歷過這層不愉快的過往，種下了志強日後當特教老師的心願。

「我立下志願，將來要當一個有同理心、耐心、愛心的老師。」志強不斷提醒自己，腳踏實地往這個目標邁進。

三年前，志強從臺南大學特殊教育學系畢業了。

「實習過程對我來說非常煎熬，撐過來後，我感謝這段時間磨練心智與訓練耐心，更加了解職場的生態，也更加確立目標。」畢業後進入實習，志強分享個人對特教的教育理念——

一、零拒絕，每一個孩子都是獨一無二的個體。

二、學習可以慢，但不可以「算了」，只要在教學上堅持多零點零一的改變，就能讓學生多一點的進步。

三、擁抱學生的個別差異，適性揚才、因材施教，找到學生的優點，補強學生的弱點。

四、提供學生表現機會，使學生獲得成就感。

五、陪伴孩子成長，自己也跟著成長。

不放棄任何一個孩子，透過教育使孩子自信且認真地學習，擁有負責任的生活態度，在樂觀積極中成長茁壯。「看到折翼天使的笑容，是我想當特教老師最大的動力。」這是志強的真實心聲。

不會就教到會——丁秀蘭

文—詹明珠

「可以再有孩子教了！」已退休的她珍惜這個機會，不再罵學生，而是發揮無比的愛心與耐心，一而再、再而三地「教到會」為止。

溼冷過後，冬日早晨的陽光格外溫暖。課輔班斜對面的咖啡店外，江柑攔截住騎機車的志工老師丁秀蘭。

將屆六十歲之際，丁秀蘭面對大環境的改變、少子化的衝擊，決定從職場上退下來。想像著精采多姿的退休生活，每天排滿各式活動與學習，偶爾也會把自己搞得疲憊不堪。

經過一年多，寂靜一人時，丁秀蘭漸漸慌了起來，三十多年的職場生涯，退出舞臺的日子再精采，內心深處卻空出一塊荒蕪地。「我能再多做點什麼？」她反問自己。想及在慈濟教聯會參加活動二十多年了，就請教夥伴王美芳老師。

「課輔班需要老師，你去最適合了！」這個回答為丁秀蘭灑下一道明光，「可以再有孩子教了！」且是深具意義與價值的課業輔導。但是這一回不一樣了，她不再罵學生，而是發揮無比的愛心與耐心，一而再、再而三地「教到會」為止。

丁秀蘭除了教珠心算，也擅長指導孩子正音。「以前在補習班每天面對那麼多學生，現在只教一、兩個，太輕鬆了！」

閱「童」無數察異常

丁秀蘭經營近三十年的珠心算文理補習班，剛開始，學生當然愈多愈好，教室愈來愈大，一家不夠開兩家。事業蓬勃發展，人也意氣風發後，卻有很長一段時間，她是「不會笑」的。

面對家長的期待、學生的成績表現，還要應對各種人事雜務，都讓她壓力無限，態度只有嚴厲再嚴厲，甚至疾言厲色，才能平衡內心那分強烈的責任感。

這樣長期的經驗，丁秀蘭可說是閱「童」無數，學童稍有一點異常，都逃不出她的「法眼」。

初到課輔班時，第一位輔導的孩子是家庭功能不健全者，兄弟倆跟著祖父母生活。二年級的哥哥功課落後非常多，不但要一點一滴輔導課業，從最基本的教起，也要循循善誘日常規矩，教導孩子懷抱感恩心，體會祖父母的辛勞。

弟弟進小學後，祖母將兄弟倆一起送到課輔班。第一次到陌生環境的弟弟，表面上聽話學習，桌面下則躲著閃爍不安的靈魂，丁秀蘭發現無法和他四目相對，聽不懂或不會、抑或內心不悅，孩子會偷偷地用力捏斷筆芯、弄掉文具，以為不會被發現，卻都默默映入丁秀蘭眼簾。

下課後，她告訴江柑，「這孩子可能需要看醫師吃藥！」

第二週上課前，江柑一看到丁秀蘭就問：「你太厲害了！怎麼知道這孩子有狀況？」原來，她很委婉地詢問孩子的祖母，得到的答案是，孩子是過動兒，確實在求醫用藥。

過動症、躁動症、亞斯伯格症……種種症狀，丁秀蘭都遇過，有時家長尚未能察覺，她還會提醒家長帶孩子就醫。

漸漸地，從孩子增多的笑容中，丁秀蘭發現自己也在改變，原來開心的笑多麼舒暢！她說：「應該是心態不同吧！以前汲汲營營於事業，現在看到那麼多的人無求付出，沐浴在愛的氛圍裏，無形中我的心態也輕鬆許多。」

課輔班的孩子多數來自弱勢家庭，隔代教養、外籍媽媽較無法陪伴孩子的課業或休閒。五子棋、象棋、圍棋等，丁秀蘭通通帶到教室裏，課業輔導完畢，也教教孩子這些遊戲，讓他們培養一些休閒娛樂，更能從中建立規矩與態度，增加相互間的情感。

丁秀蘭說，讓孩子們學棋藝，可以增加同儕互動的機會，學習課程以外的生活樂趣。

即使離下課剩下十分鐘，或更少時間，孩子也會期待和老師對弈一番，丁秀蘭常出其不意送一點小禮物，獲得小確幸而綻放的笑臉，是對老師最美的回饋。

孩子的學習無法等待。在疫情考驗下，江柑家裏基於群聚法規停課，丁秀蘭與林嘉涵毅然承擔，每週定時到孩子家裏輔導功課，外籍媽媽感動與感恩的眼神，彌補了在寒冷風雨夜騎車奔波的辛勞，「看到孩子進步，就是最好的鼓勵，一點點的不方便算什麼！」

終身學習愛家人

北漂奮鬥的歲月裏，丁秀蘭除了埋首於工作外，對身邊不斷湧現的貴人，她總是心存感恩。其中有家長邀她做慈濟會員，她默默地繳了二十多年善款；因為業務上的需要，認識慈濟教聯會的林嘉涵老師，跟著參與每個月的活動，從活動中紓解平日工作的壓力。

退休之後，丁秀蘭想在生活中再譜琴音，重拾荒廢已久的雅興彈鋼琴，卻沒有找到適合的課程。朋友建議她到慈濟三重園區，看看志玄終身學習中心的課程表。

古箏樂音悠揚，彈奏之間神態優雅，成了丁秀蘭的新選擇，至今學習超過三年半了，一級一級地精進往上，要用最精湛的樂聲回饋社會。她說，「很羨慕在醫院大廳演奏的朋友，以音樂撫慰人心，希望自己也能成為其中一員，更多面向和大眾結緣。」

丁秀蘭樂在其中之餘也不忘省思，「很感恩在慈濟學到了如何愛家人！」甫退休之際，家鄉務農的兄長重病，她停下臺北的事務，回到老家陪伴、照顧兄長，讓兄嫂有喘息空間，同時不荒廢農務。「很高興自己把握機會，陪伴哥哥平靜地走完人生，彌補了從前無法陪伴媽媽最後一程的遺憾！」

最划算的事業

三十多年前，丁秀蘭隻身北上奮鬥，在幼稚園當老師。因緣際會，初萌芽的珠心算教學，自己雖然不是科班出身，念商科的姊姊早已教會珠算，丁秀蘭對這項教學心生歡喜，認真參加檢定，取得相關證照後，開始游牧於各幼稚園、安親班之間教珠心算。

「姊姊都說我在臺北騙吃騙喝！哈哈哈！」爽朗的笑聲漾出一

段辛苦的往事。每天騎機車奔波在各教室間，丁秀蘭捨不得漏接任何一堂課；漸漸教出心得後，她開始在家裏收學生，當時的風潮造就事業扶搖直上。

「學生家長建議，該買一間自己的房子了，總不能要學生跟著老師遷移吧！」為了穩定事業，丁秀蘭硬著頭皮買下第一間房，大部分人都說她買貴了，母親與舅舅卻十分肯定與支持。猶如服下一顆定心丸，她更加用力衝刺事業，建立起自己一個小小王國。

在世俗的眼光裏，丁秀蘭是位事業成功的女強人；如今的她，從弱勢孩子的課輔中，體驗到被需要的甘甜，覺得這才是最划算的事業。

換場再繼續——簡言宇、鄭慧敏

文—高玉美

簡言宇和鄭慧敏是課輔班的教師夫妻檔，將近三年的時間各司所長陪伴孩子們成長。生涯規畫將他們帶往臺南，換了場地、換了對象，愛仍然繼續……

一年一度的社區歲末祝福即將登場，機動組志工忙著布置會場，簡言宇與陳晉煒兩人搭檔搬運桌椅。陳晉煒說：「等一下布置好會場，我還要趕到三重開會。」

「三重開什麼會？工作勤務這麼忙嗎？」服務於金融業的簡言宇不解地問著。

「不是工作上的，是三重新芽課輔班。對了，現在還缺課輔志工，你有興趣嗎？」陳晉煒看了簡言宇一眼問道，接著介紹了課輔班運作的情形。

聽了說明，簡言宇想到自己大學時曾在安親班打工，輔導小朋友放學後的功課。又聽到課輔班成員都是弱勢家庭的孩子，不假思索就說：「我找太太小丸子一起去，她當過幼教老師，帶小朋友很有一套。」

隔週，在科技公司上班的鄭慧敏，一下班馬上趕到臺北車站，和先生會合後轉搭捷運。

「大家好，你們可以叫我小丸子姊姊……」鄭慧敏才自我介紹完，底下小朋友已經開始竊竊私語了。

每個星期一及星期三，兩人開始來此輔導小朋友的功課。俏皮可愛的鄭慧敏負責一、二年級；數理能力好的簡言宇則分配到五、六年級，負責加強孩子們的數學。

各司所職，各顯身手

鄭慧敏說：「低年級的小朋友很乖，很聽話，通常要求的功課都會做好，生活習慣如果有偏差，只要柔聲規勸，他們也會改正過來。」

相較鄭慧敏輔導低年級的孩子輕易上手，簡言宇輔導高年級的孩子已經有更多自己的想法，他必須耐住性子慢慢引導，啟發孩子們的學習興趣。

有一回，一個五年級的孩子趴在桌上，心不在焉地聽講，一個習題已經講解過三次，孩子還是不理解，簡言宇不禁有些動怒：「你坐好，這樣的學習態度很不禮貌。你不用心聽，簡單的題目都學不會，後面難的要怎麼辦？」

孩子無辜地回應：「我很想睡覺，今天真的好累。」

簡言宇讓孩子去洗把臉，休息五分鐘。

孩子離開座位，拖著沈重的步伐。看著孩子的背影，簡言宇心裏反思：「小朋友在學校一整天的學習，也許真的累了！」低下頭看著剛才的解題，心裏又浮現：「人有無限可能，不要小看自己……不要比較與計較。」簡言宇想著，不是每個人的數理能力都能同一水平，也許這個孩子的長項在別的方面。

等到孩子回來，簡言宇改變態度輕聲說：「這題我們再重來，你專心聽，不會的地方馬上說，哥哥會重教一次。」孩子乖巧地點點頭。

課輔班的哥哥、姊姊除了督導功課，也會留意孩子們偏差的行為，適時予以糾正。有一天，小欣來上課時，身上飄出淡淡的香水味，敏感的鄭慧敏不動聲色地觀察著。

隔週，小欣來上課時手指上塗了指甲油；星期三，還塗了口紅，這些情形鄭慧敏和江柑都留意到了。

於是，鄭慧敏委婉勸說：「小欣，你手上的指甲油很漂亮，但是會讓我分心，下次不要再塗好嗎？」

江柑也對小欣曉以大義，小欣漸漸地把心思用在功課上，讓課輔團隊總算放下擔憂的心。

臺下鼓勵，臺上發光

新芽獎學金是慈濟為幫助弱勢家庭所設立，三重園區已舉辦多屆頒獎典禮，課輔班許多孩子都是受獎人。課務團隊邀請課輔班的孩子們上臺表演話劇，除了訓練他們的膽量、增加上臺經驗，也讓他們的成長被所有人看見，建立孩子們的自信心。

在課輔時間外，小朋友們進行練習及彩排。鄭慧敏對孩童情緒的掌控，來自幼兒園服務時的專業訓練，只要一脫序，她就會拿出看家本事，讓脫軌行為的孩子乖乖地回到隊伍裏。

「如何讓小丸子從愛玩寶可夢到不玩，從不愛上課到喜歡去課輔班，這中間發生什麼事情呢？」鄭慧敏身兼導演與編劇，將當時大人、小孩都很夯的寶可夢帶入小丸子劇場。

「愛玩寶可夢的小丸子」一劇中，有阿公、阿嬤、爸爸、媽媽、姊姊及小丸子的同學，幾乎課輔班的孩子都上場演戲，大哥哥、大姊姊幫孩子們化妝。因演出自然、精彩，觀眾給予熱情的掌聲。

坐在臺下看著陪伴多日的孩子們，用肢體語言詮釋他們想振翅高飛、跨越障礙的信心與勇氣，鄭慧敏感動得哭了。理性的簡言宇則是雙手緊握，壓抑著感動的情緒。

「孩子們的功課也許不盡理想，還是有許多位上臺接受獎項的肯定，就算沒上臺受獎的，也不代表他們就是落後；他們只是被沙塵蒙蓋的珍珠，等待有心人的發掘與琢磨，有一天，他們也會在人生的舞臺發光發亮。」簡言宇心裏默默祝福著這群孩子。

追逐豔陽，追尋夢想

在三重參加課輔班三年的兩夫妻，因為夢想有一個屬於自己的小窩，幾經考量，選擇了房價負擔得起的南部房子。

隨著房子愈接近完工，夫妻倆的心情卻愈來愈沈重。他們不知道要如何向江柑開口，更不曉得要怎麼跟小朋友道別，就在鴕鳥心態下拖到最後一刻。

當天課輔結束，兩人等江柑忙完雜事，鄭慧敏才吞吞吐吐說：「江媽，我們已經在臺南買好房子，過一陣子就要搬到臺南……我真的很捨不得……」一向感性的鄭慧敏，向江柑說明他們的人生規畫，眼淚早已不聽使喚地嘩嘩直流。

江柑聽說兩人的決定：「雖然我很捨不得你們，但是買了屬於自己的房子是好事，祝福你們永遠幸福！搬到臺南，如果有需要你們幫忙的孩子，你們要將這個善種子繼續撒播出去。」

隨著搬家的日子愈接近，鄭慧敏不捨孩子們的心情愈激烈。「曉鈴，你上課要專心，小丸子姊姊希望你能用知識翻轉人生，長大後用本事改善你的家庭……」原本只是平常勉勵孩子的話，鄭慧敏卻不自覺地流淚。

單純的孩子們只當是感性又愛哭的鄭慧敏，因為自己不用功而流露關愛，不知道她是因為臨別時間迫近，強壓住感傷的情緒而流下眼淚。課輔結束前，全體虔誠祈禱後，擔任司儀的鄭慧敏，沒辦法開口向小朋友說出要離開的消息，卻情不自禁地訴說對孩子們的無限冀望。

「親愛的小朋友，希望你們要用功念書，用知識改變你們的家庭及未來。你們的人生路還很長很長，哥哥、姊姊們沒辦法一直陪伴你們，今後遇到困難要勇敢，面對考驗不要退縮，課輔班是你們的精神支柱與靠山……」知道內情的哥哥、姊姊們偷偷地流淚，小朋友們則是丈二金剛摸不著頭緒。

最後，江柑告訴孩子們實情，她的話還沒說完就被孩子們打斷。

「小丸子姊姊，你不要走啦，我這次的月考有進步……」

「言宇哥哥，你不要生氣啦，以後我不會頑皮搗蛋了……」

「我會很想你的，小丸子姊姊，你不會想我們嗎？」每一句慰留的話都讓鄭慧敏眼淚決堤，孩子們跑過去抱住平時親和力好又愛笑的「小丸子姊姊」哭成一團。

離別的時光來得特別快，告別臺北的時間終究不會因為捨不得而停滯。課輔班為簡言宇及鄭慧敏舉辦惜別會。

鄭慧敏站在前方，孩子們一個個地上前，拿著他們親手寫的卡片，「小丸子姊姊，謝謝你陪伴我，我會聽你的話用功讀書，做一個孝順的孩子。我知道你希望我將來能做一個有利於社會的人，我不會讓你失望。」高年級的孩子寫出對鄭慧敏的感謝。

「小丸子姊姊，我會聽話、幫媽媽做家事，會用功，希望你回臺北要來看我們。」低年級小朋友歪歪斜斜地在卡片上寫著心聲。

還有小朋友懷念彩排話劇的情形，寫道：「言宇哥哥、小丸子姊姊，我會永遠記得哥哥、姊姊陪我們彩排，看我們表演的那段時光，哥哥、姊姊的用心我永遠忘不了。」每一張卡片都寫出孩子們的真心誠意。

看到自己長久以來陪伴的小朋友，鄭慧敏一個個摟在胸前，在他們的耳畔輕聲叮嚀，孩子們淚汪汪地點頭，有的還伸出手來幫善感的鄭慧敏抹去眼淚。這個舉動不僅讓鄭慧敏哭得更傷心，在一旁故作堅強的簡言宇，也好幾次偷偷地拭著眼角的熱淚。

☀

南臺灣熱情的豔陽，讓鄭慧敏及簡言宇的生活充滿了挑戰與朝氣，生活忙碌又充實，心裏卻是有一塊缺角的遺憾，星期一、三的晚上滿是無聊與落寞，鄭慧敏想念愛過、陪伴過的小朋友。

致電江柑報平安，心中放不下的思念還是讓鄭慧敏哽咽。江柑從手機開啟視訊畫面，每個小朋友輪流在手機前向鄭慧敏及簡言宇訴說他們的想念及近況，讓鄭慧敏拿著手機又哭又笑。

關掉手機，擦乾眼淚，簡言宇及鄭慧敏延續這分感動，參與臺南靜思堂的親子成長班，擔任隊輔爸爸和媽媽，繼續陪伴另一群可愛的孩子。

投其所好——郭秀芸

文—廖月鳳

郭秀芸和學生智萍都喜歡動漫《名偵探柯南》，兩人會在上課中場聊劇情，讓緊繃的情緒放鬆。「要投其所好，如此一來，就容易進入教學的情境了！」

夜晚的三重，熱鬧不減白天，人車川流不息，遇到上下班時段，對於趕時間的人來說，真是著急。

郭秀芸為了要趕上三重新芽課輔班的課，每個星期三必須向打工的安親班請假，提早下課，好在主任能夠通融。騎機車才不過二十分鐘的路程，如果遇上塞車可就心急了，怕讓學生等候，擔誤了課輔的時間。

她陪伴課輔的學生智萍三年多，年齡相差不大，很有話題可以聊，就像她們都喜歡動漫《名偵探柯南》，一聊起來就停不下來。「柯南又辦了什麼案，他是怎麼發現線索？」兩人會在上課的中場聊劇情，愈聊就愈起勁！這是郭秀芸刻意製造的話題，讓智萍上課緊繃的情緒稍稍放鬆。

每次學校段考後，郭秀芸還會陪智萍玩數讀益智遊戲，其實這也是郭秀芸想出來，希望拉近彼此距離的方法，「要投其所好，了解她的興趣，如此一來，就容易進入教學的情境了！」

送她一本參考書

郭秀芸專長的學科是數理，英文則是她最大的障礙。偏偏智萍在學校的英文段考，一直以來都徘徊在二、三十分之間，一位英文不怎麼好的老師，如何反轉英文也不好的學生的學習態度，而且讓她不再對英文心生畏懼？

智萍說：「很多人看到我的英文分數，都說沒救了，叫我直接放棄！秀芸姊姊的出現，讓我在英文方面重拾信心，她帶著我一個單字一個單字地背，還教我文法。雖然她說過她的英文其實並不好，但還是很努力地想要幫助我，讓我很感動。」

抱著「用心就是專業」的態度，郭秀芸硬著頭皮邊教學邊，「國中的英文程度我還稍微可以，就用發音教，跟她一起再學一次。不過我覺得對我自己也很好，這就是所謂的教學相長吧！」

英文單字靠發音準確來拼字，偶爾遇到拼音拼不出來怎麼辦？郭秀芸會和智萍說：「我們就一起上網查。」這樣一起研究的教學方式，更容易得到好的成效。

「她努力學習的樣子很激勵人，自己也在不知不覺中跟著認真起來，為了幫她克服對英文的心理障礙，我特地去買了參考書，讓她回家後，在沒有老師指導之下，也可以藉參考書複習。」

智萍家裏的經濟重擔都落在新住民媽媽的身上，媽媽身兼兩個工作，照顧一家生活都嫌不足了，實在沒有多餘的錢為她和妹妹買參考書。

「我的英文很爛，感覺姊姊送我參考書有點浪費，不過她鼓勵我試試看，如果真的不行的話，至少我已經努力過。」智萍清楚記得郭秀芸鼓勵她的話，「她的出現改變了我，我現在可以自律讀書，也不會輕易放棄任何學科。」

「我現在段考都及格了，有時候還能考到七十分以上。」智萍自己也感到意外，英文竟能夠考及格了。

意外的禮物

智萍內向、安靜的個性和她的家庭因素有關，郭秀芸則是一位開朗的大女孩，兩個人一動一靜，很難想像會碰出怎樣的火花？

智萍覺得郭秀芸就像是親戚家的姊姊一樣：「她可以發現我什麼時候是情緒低落的，會適時地關心我，讓我感覺到沒有距離，可以很放鬆地跟她訴說一整天發生的事，和一些解決不了的問題。」

兩人相處久了，又有共同話題，就會有很多女生的悄悄話可以聊，有時候下課了也不急著回家；即使只是用手機相互拍照，這樣也能玩得哈哈大笑、前仰後合，讓周圍的人忍不住也跟著笑開了。

智萍的媽媽為了養家，工作時間長，兩姊妹很少能夠像一般同學和家人一起旅遊。在課輔班志工陪伴下，她們與其他學員一起到二二八和平紀念公園、國立臺灣博物館總館與土銀館參訪。

妹妹智茵很興奮地說：「看到恐龍、化石、古時候的錢幣，還有昆蟲、植物標本，都覺得很有趣。」一般孩子很尋常的出遊，接觸課業以外的世界，對兩姊妹而言好像是意外的禮物。

郭秀芸以自己參加學測的經驗，愈是接近升學考試，不是徹夜準備，就是一大早就起床溫習功課。智萍高中會考那一年，在寒冷的冬天，常常收到郭秀芸送給她的巧克力粉，讓她在晚上或一大早溫習作業時可以泡著喝。

為什麼會到這裏擔任課輔志工呢？郭秀芸說：「是媽媽牽的線，我大三的時候媽媽問我，三重有一個專為弱勢家庭孩子課輔的教室，要不要去？」她當時在安親班打工，心想：「一樣都是教小朋友，沒差啊！」

每一次只要上課輔的小朋友來得少，江柑就擔心是不是發生什麼事了？接著就四處打電話找人。小朋友來多了，她也著急地到處打電話找課輔志工，數理學科的課輔志工比較缺乏，這時候找郭秀芸就沒錯了，「打電話找她幫忙，她都不會拒絕。」

懂分享 福氣用不完

郭秀芸在課輔志工期間受江柑的影響甚遠，有一天，江柑帶她到一個，「只有在電影中才看得到的『家』」。

舊舊小小的房子，裏面很凌亂，即使再回想，景象依然鮮明，「一般人如果家裏有客人進門，應該會禮貌地站起來招呼才對，但是他們因為生病了，只能待在原地。」

當時的感受讓她很震撼，甚至起雞皮疙瘩，「沒想到在熱鬧的三重地區有那樣的房子。」郭秀芸才感受到生病真的很容易讓人變得貧窮。

至於那一天，江柑為什麼匆匆買便當送到那位小妹妹的家裏去？其實郭秀芸並不很清楚，是後來才聽說，因為大人生病了，一家人的晚餐也就沒有著落，江柑看不到小妹妹來上課，才發現到這個家庭的狀況。

那一幕有劇情的電影畫面，反轉她對幸福的看法，並不在於富有金錢，而是知足，「雖然我家裏的經濟並不富裕，但是我們完全不會餓肚子，在那間小屋子裏體悟到『見苦知福』，我應該要珍惜自己所擁有的。」

每次在課輔班遇到這位小妹妹，總是笑臉迎人，完全感覺不出生活有什麼不滿足。「想到鼻子都還會酸酸的。」郭秀芸說：「相較之下，還是覺得自己真的很幸福。」

「課輔班就在捷運附近，交通方便，附近又有夜市，結束後可以順便逛逛夜市。我就用對年輕人比較有吸引的方法來說服他們。」郭秀芸陸續找來許多朋友、同事一起加入課輔志工。

考大學時，媽媽對她只有一個要求：「找一間有慈青社的學校念。」好在考上的輔仁大學有慈青社。大學四年當中，不只應付課業，慈青有活動，她都全力配合，和學長、學弟妹們培養出好感情，也不餘遺力地將他們一個個「箍」進課輔班，一起陪伴弱勢家庭的孩子。

媽媽從小就告誡她：「人的福氣會有用完的一天。」

郭秀芸擔心地問媽媽：「我從小就很幸福，福氣會不會很快就用完了？」

媽媽告訴她：「所以你要付出更多，把愛分享給更多的人。」

「付出就是收穫。」這是郭秀芸在課輔班三年多的心得，她覺得：「自己只是付出一點點，就能改變孩子的課業、品德，讓他們有自信去面對未來，這是最令人開心的！」

郭秀芸希望新芽的孩子們，以後有能力也能夠成為手心向下的人，就像蠟燭將自己燭芯的一點光分享給更多的人，讓世界更亮、更溫暖。

非「你」莫屬——蔡淑華

文—詹明珠

那是個「失栽培」的孩子，聰明、反應快，蔡淑華稍稍給予指導並且呵護關心，男孩神翻轉的進步速度，讓眾人跌破眼鏡！

略顯消瘦的蔡淑華是桃園人，高商畢業後就到臺北工作，自認為沒自信、卻又隱藏一股「雞婆性」，因緣際會進了安親班，從此一門深入，沒再改行過。

十多年來，一直跟著慈濟人入校園當大愛媽媽。江柑一聲邀約，她不經思考，馬上就答應了。「實在是太缺老師了，她這麼專業，怎麼可以錯過！」

蔡淑華邀念高中的女兒李雅賢一起投入，「女兒很會畫畫，年紀又比較接近，可以教國小又可以教國中生。孩子想要什麼圖案，女兒都可以畫出來，很容易打成一片。」

教學相長

初踏入課輔班，蔡淑華負責的對象是一個幼稚園的小女孩。是家庭因素、也是資質問題，孩子不但不好教，說話也不清楚，專注力至多十分鐘，志工老師們大多投降，也帶給蔡淑華前所未有的挫折感。

江柑總說自己不會教功課，但就是有辦法搞定大人和小孩。她鼓勵蔡淑華說：「你的專業包括幼稚園小朋友，這個孩子當然非你莫屬！」

初次相磨合，教第二個字忘了第一個，教數字4忘記3，不一會兒，心神又飄渺雲遊了。蔡淑華念頭一轉，不能像職場所面對的孩子一樣，單方面給、給、給，無非要提高成績、增加分數，肩負家長的期待；在這裏，這方式行不通，徒增自己與孩子的壓力，是該換個方式了。

「來，我們來畫鉛筆1，鴨子2……」以形狀導入單字，增加彼此間有趣互動，一方面教孩子認字，一方面讓她習得基本畫畫技巧，平添生活色彩。

對於如此特別的孩子，蔡淑華不捨得一絲絲責備，更多的是愛與讚美。「我們只要看到分毫進步，就會很用力地讚歎，增加她的自信心」。

她和江柑默契十足，「師姑，妹妹今天好棒啊！」「師姑，妹妹說要給那位帥氣的大哥哥教啦！」蔡淑華說話口吻得裝可愛，江柑適時介入，或讚歎或扮黑臉，「不行喔！你看大哥哥那麼忙，沒時間教你！」

小女孩只好收起越軌心，靜靜地跟著蔡淑華學習，不再坐這山望那山。

準備一些小朋友喜愛的小禮物，是課輔班老師的祕密法寶。小貼紙讓小朋友集點換獎品，「花一點點小錢，吸引孩子自主學習、歡喜學習，成效會更好！」

蔡淑華更喜歡帶繪本、課外讀物為孩子們說故事，「來，喜歡哪一本自己挑！」讓他們有小確幸，孩子們無不想方設法集點，或求故事聽。

再接一位截然不同的孩子，與小女孩反差甚大，真正是個「失栽培」的孩子，聰明、反應快，卻沒得到應有的指導與陪伴。蔡淑華隨手小測試，便知道孩子的底限在何處。教予職場上使用的小祕訣，這男孩神翻轉，進步的速度讓眾人跌破眼鏡！

蔡淑華說，比起家教的孩子，男孩顯然很缺乏關愛，又沒有人陪伴關懷，以致荒廢了課業；稍稍給予指導並且呵護關心，就看到他每個星期都有長足進步，令人滿心歡喜。

自我蛻變

加入慈濟會員二十多年，「那時孩子很小，心中很想要多做點什麼。有一天在公車上，看到一位穿旗袍的慈濟人，主動詢問要加入會員。」

默默繳善款多年，蔡淑華依舊每日奔波於家庭與課室之間，努力不懈拚經濟。那一年，需要小朋友一起上臺比手語，為歲末祝福增添團圓氛圍。

李雅賢是第一批手語小菩薩，可愛生動的模樣，融化了與會大眾，也點滴引蔡淑華進入大愛媽媽團隊。

進入校園，豈止教靜思語、說故事！媽媽們無不使出渾身解數，教材、道具的設計與製作，是蔡淑華舒壓的重要方式，「潛移默化」是愉悅付出的「暗盤收穫」，引領著她蛻變中。

從小，蔡淑華生長在家教嚴格的家庭中，與妹妹備受拘束待遇，使得心靈產生極大的自卑感。高商畢業逃離到臺北，不只自行開補習教室，也在空檔時間到處接案，時空填滿「錢」的能量，短短幾年就自行購屋，經濟獨立自主。

家鄉親友介紹對象，蔡淑華三十三歲走入婚姻，為了日後安穩的生活，努力在職場上拚搏。

日子悠悠地過了三、四年，女兒終於來報到。蔡淑華索性收掉自己的補習班，做個遊牧教師，再接「豪宅」裏的家教個案，家教個案薪資高、環境優渥，讓她有更多時間陪伴女兒。

然而，生活並未風平浪靜，經濟壓力不定時砸下來，壓得蔡淑華喘不過氣，又要兼顧孩子與工作。

「其實日子如常，家裏本來就我一肩扛。」閒暇時，帶著女兒投入課輔班志工，雖然進入大學後，女兒無暇再繼續，但「善的效應」於焉產生，女兒選擇服務性質的社團參加，將大學生活譜寫得多彩多姿。

懺悔與和解

長期浸潤在靜思法語中，蔡淑華學到了「懺悔」與「和解」，對母親懺悔，與自己和解、與父親和解！

早年父母感情不睦，即使生活在同一屋簷下，仍藉由孩子傳達情緒，「明明不是我的錯，爸爸用很差的語氣要我轉達，我就用相同的態度對媽媽。」

母親往生十多年了，每次上山祭拜，總要對她懺悔一番，來不及說出的愛，在無數的懺悔中彌補。

前幾年，蔡淑華給自己許一個生日願望，選擇在假日陪父親爬山。父女之間前所未有的好感情，將她內心四、五十年的委屈心結，隨著淋漓汗水一次次拭去。

後來父親小中風，蔡淑華每天回去為老父按摩，直到病癒為止，父女間的長期隔閡於焉化解。「原諒別人就是善待自己！」「我終於擺脫痛苦，找回快樂的自己！」

陪著慢慢學——林嘉涵

文—張文黛

林嘉涵曾經是個嚴厲、講求速成、講究效果的老師，但了解孩子們的家庭情況後，她不再心急，「不會沒關係，有些孩子只是起步較慢而已。」

「今天子偉的狀況，要用什麼方法才能讓他更專心？要用什麼東西來獎勵他，讓他可以記住注音符號？要怎麼讓他覺得好玩，才能邊玩邊學習……」

課輔班晚上九點下課後，林嘉涵奮力地踩著腳踏車，在月光及路燈陪伴下穿梭在三重埔的巷弄中，但課輔班的畫面不停地在腦海中迴盪著，心裏不斷地想著……

隨時候補

二〇一一年時，同在慈濟大愛媽媽班的志工沈月影，邀約林嘉涵加入三重新芽課輔班，說那邊缺人文課程的老師。聽了課輔班相關介紹以後，林嘉涵隨即應允。

一星期一次的人文課，以品格為主題：如孝順、同理心、負責任等。林嘉涵發現孩子們特別喜歡「體驗」與「手作」課程。

「請大家抓起一把米，數數看有幾粒？」有一天，林嘉涵帶著「米」到課輔班。

只見孩子們很認真地數著米，了解到小小一把米，其實有不少粒米包含其中，數起來要花不少時間。從中體會到「米」來之不易，藉此提醒孩子在生活中要懂得珍惜，不能隨意丟棄小小的東西。

數完米，接著介紹「緬甸農民日存一把米」行善的故事，只見孩子們睜大了眼睛，明白幫助別人不一定要有很多錢才能開始做。

看到課輔班的孩子在換牙階段，林嘉涵特別找來適合的影片播放，孩子在笑聲連連中，學習如何保護牙齒。

那次人文課讓江柑印象深刻，「影片呈現時，教室一片安靜，大家的目光都被螢幕吸引住了，連大人都看得目不轉睛。」

江柑回憶：「安排人文課程時，有時遇到老師臨時請假，我心急如焚，不知要去哪裏找老師替補，但嘉涵對我說：『只要人文課缺老師，您就找我。』這句話讓我很安心。」

玩出學習力

「他坐不住，我一定要想方法讓他坐得住，可以專注久一點。」開始陪伴子偉時，林嘉涵很頭痛，「他一會兒鉛筆掉了，一會兒橡皮擦掉了，一會兒要上廁所，不然就是看到哥哥要吵兩句……」

林嘉涵想到孩子都喜歡玩，於是開始用「玩」的方式與子偉互動，例如學校的作業答案以「限時」的方式回答，在時間內答對了就有獎品。「為了鼓勵子偉，都是送他喜歡的。有次準備巧克力當獎品，子偉一看到巧克力，眼睛都發亮了。」

學習注音符號時，林嘉涵發現子偉對注音符號很陌生，於是自製注音符號紙卡，出題目讓他找出相對應的卡片，用來加深印象。子偉漸漸地對注音符號有了反應。

子偉生長在隔代教養的家庭，平時都是阿公、阿嬤照顧，在家都講閩南語。林嘉涵想到用他熟悉的閩南語去理解注音符號，如「ㄉ」的發音一直念不出來，就教他將右手掌當成菜刀，切在左手上，一邊用閩南語念「菜刀的刀、菜刀的刀」，「刀刀刀、ㄉㄉㄉ」，終於讓子偉正確發出「ㄉ」的音。

「學期末，子偉終於能念出一整篇文章了。」林嘉涵激動又開心地說。

「如果用補習班的教法，子偉會被念得很慘。」有數十年補教經歷的林嘉涵，笑著說起在補習班的往事，「過去的教學目標就是要速成，但這裏孩子卻是要讓我們放慢腳步。」

林嘉涵曾經是個嚴厲、講求速成、講究效果的老師，但在三重新芽課輔班，了解到孩子們的家庭情況與教養後，她有很深的感觸：「學習是急不來的，要『慢慢』陪伴孩子們學習。」

「有時我也教得快要生氣了。」看到別桌的老師都是「輕聲細語」地教，她也冷靜下來，克制了怒氣。林嘉涵覺得課輔班的老師都很厲害，都那麼斯文，她也不好意思發脾氣了。

「我告訴自己，孩子們不會沒有關係，我就是要來陪伴的。」她了解到有些孩子只是起步較慢而已。

喜歡「被利用」

「我的眼皮怎麼一直跳不停？會不會有什麼不好的事要發生？會不會生病了？」

有天晚上，林嘉涵左下眼皮一直不自主地跳動，連續地跳了四、五個小時，一直到入睡。這樣的情形持續了好幾天，她的心情也隨著眼皮一直跳不停，既恐懼又害怕，不知道該怎麼辦？有天睡醒時，發覺腳也痛起來了。

莫名的身體不適，讓她決定辭掉補習班的工作，先將身體調養好。雖然辭去工作，林嘉涵仍堅持晚上到課輔班，因為她知道有孩子在等她，她對課輔班的孩子們「有責任」，即使忍著身體上的不舒服也不想缺席。

透過中醫治療，了解是末梢神經出問題，經過服藥、物理治療、飲食調理及運動後，林嘉涵身體已恢復健康了。

二〇二〇年全球因新冠肺炎疫情，課輔班考量安全防疫而暫停，但林嘉涵與幾位老師一起走入可欣的家。

「其實我們去可欣家，是要幫助一對年輕的夫婦。」可欣的媽媽來自印尼，夫妻倆帶著四個孩子在自家一樓經營印尼小吃店，因為忙著顧店，沒有精力與能力輔導孩子的功課。

到了可欣家，與她的爸媽打招呼後，就上二樓課輔。樓梯間堆滿了小吃店的食材，樓梯又窄又陡，只能容納一個人通行，林嘉涵每次上樓時都要小心翼翼。

可欣是個乖巧的女孩，但最討厭數學。林嘉涵會對她說：「數學真的好難喔！國小三年級就要學這麼難，你怎麼這麼厲害，還答對這麼多。」可欣聽了就會笑一笑，繼續認真做數學題目。

不同的孩子要用不同的方法鼓勵。林嘉涵說：「可欣已經很乖了，只要再鼓勵她，她的表現就會更好。」可欣希望常常被肯定，所以她經常出考題，如果考得好，就將分數寫成大大的「100」分，可欣就會很開心。

雖然疫情關係不能到課輔班，有需要的家庭，林嘉涵願意走入他們的家裏。她深深地覺得自己能「被利用」的感覺真好！「人沒有正能量是不行的。」在課輔班最大的收穫，是常常體會到正能量。這股正能量是來自課輔老師們對孩子那分無私的付出與愛，這是外面的社會環境體會不到的，常常溫暖地感動了她。

林嘉涵很感謝在課輔班陪伴孩子的機會，因為她從孩子的身上看到自己過去的影子。小時候的她比較自卑、沒自信，膽小內向。但在課輔的過程中，她體會到：「就是鼓勵孩子去學，勇敢地展現自己，盡力去做就對了！」

因為懂得愛——陳芬蘭、蔡淑慧

文—徐美華

一個在缺乏愛的環境下成長，一個是罹患成骨不全症的「玻璃娃娃」，她們在成為大愛媽媽之後，用同理心陪伴孩子，以愛心與耐心彌補缺憾。

微風徐徐的早晨，與陳芬蘭、蔡淑慧相約於課輔班相見。課輔班進門處的牆面上，琳瑯滿目貼著許多活動照片，包含戶外教學、新芽獎學金頒獎典禮、社區歲末祝福及各堂學習課程的師生互動，不禁喚起大家美好的回憶。

一張張栩栩如生的照片，宛如仙女棒點亮課輔班溫馨而熱絡的盛況——依稀看見孩子們清純稚嫩的臉龐，表情豐富地專注聆聽講師們生動有趣又精采的課程。

創傷的童年

陳芬蘭是大愛媽媽團隊的講師之一，形象端莊、氣質高雅、舉止有禮有節，她帶動團隊集思廣益，精心設計出一連串課程。時而順應時節，啟發孩子們的善念，也有手語教學、小故事分享，以及手工製作、剪紙藝術等內容，每個課程都深受孩子們的喜愛。

六、七位大愛媽媽組成的團隊，充滿熱忱，展現活力和希望。她們平日在光榮國小晨間自習時間說故事，將慈濟清流帶進校園，以短劇方式將靜思語故事融入教學中；帶著累積下來的豐富經驗走入課輔班，每月一次在此教學互動，效果皆大歡喜，相得益彰。

透過手語練習和體驗課程等，潛移默化學會正確的態度，落實在生活中。陳芬蘭帶著謙卑的態度、開朗樂觀的人生觀，常以自身的生命故事、坎坷的人生際遇為例子，激勵孩子們向上、向善。

說故事的大愛媽媽，自己有著什麼樣的故事？陳芬蘭自小家庭貧困，她有五個妹妹，她和其中兩個妹妹一起寄住在南部阿嬤家。小學四年級時，阿嬤車禍往生，午餐不再有家人送便當，她怕同學嘲笑，午餐時間經常站在學校大門口，等到時間過了，才空著肚子慢慢走回教室。

「念小學時，同學用石頭丟我，罵我是孤兒，所以我吵著要北上與父母同住。」上臺北後，陳芬蘭與父母過著辛苦的生活，家裏沒有瓦斯，飯菜都只能用電鍋煮。

她第一次用電鍋煮麵線，煮好打開鍋蓋，麵線已經變成麵糊。「但父親捨不得丟，要加糖吃」，陳芬蘭說，「除了麵糊加糖，家裏空無一物可以果腹，即使再難以下嚥，也要吃下去。那碗甜麵糊，是我這輩子都無法忘記的滋味。」

為了讓妹妹們可以念書，陳芬蘭小學沒畢業就開始工作，也曾經為了十塊錢的工作，苦苦哀求對方不要為難她。

「我國小六年級就出社會了，做女工賺錢養家，艱辛地照顧五個妹妹，自己從來沒有吃過一頓飽。我不知道吃飽的滋味是什麼？也不懂家的感覺到底是什麼？」

創傷的童年亟需父母的愛，十五歲時父親卻遭遇車禍，自此臥床二十八年。陳芬蘭只得更加奮力賺錢，讓家人得以三餐溫飽。

然而母親又令她心傷，「媽媽晨昏顛倒地喝酒、抽菸、賭博，罔顧年幼的孩子們及車禍臥床的父親，她為了躲債終日不見人影。」陳芬蘭回憶說。

帶著沈重的身心負擔長大，她曾經嘗試走出缺愛的陰影，無奈不容易找到方法。直到加入大愛媽媽的因緣，二〇〇六年回花蓮尋根時，靜思精舍的師父們慈悲親和以待，拿出滷好的豆乾招待學員們，「第一次品嚐到滷豆乾的甘美滋味，深深受到感動，覺得這就是『家』的味道，至今難以忘懷。」

走過人生坎坷路，陳芬蘭更體會到要用心陪伴課輔班的孩子，也更能夠禁得起挫折的考驗，就好像經過風雨才能看見彩虹。

面對家庭弱勢、功能不全而缺愛的孩子，即使課堂上再難帶動，陳芬蘭都能用多一分愛心、耐心和同理心，陪伴孩子們，讓他們學會自愛、懂得感恩。

「有位國小一年級、失去母親的小女孩由爸爸帶來，每次見到我就撒嬌地跳到我身上，如無尾熊吊在樹幹上，雙手緊緊地抱著我。感受到孩子抱著我的時候，那種渴望愛、不想暫離的情感，小小的心靈是多麼缺乏母愛。」

由於感同身受，陳芬蘭與大愛媽媽團隊更加花心思在這每月一次的課程。

不向命運屈服

「她是玻璃娃娃（成骨發育不全症），有感人的人生故事哦！」江柑露出微笑，介紹另一位大愛媽媽蔡淑慧。

「我忍不住要讚歎淑慧一下，她雖然是玻璃娃娃，體力不如一般人，但她行善助人的愛心卻超過一般人。」陳芬蘭補充說道。

蔡淑慧是課輔班說故事的講師、外形與眾不同的「玻璃娃娃」，身高只有一百三十二公分，卻是位開朗、聰穎、智慧、大受孩子們喜愛的老師。

她是善於說故事的高手，將靜思語好話化為生動活潑、有趣又深具人文內涵的品德教育，從故事中引導孩子「口說好話、手做好事、腳走好路」的正向人生。

「我出生就體弱多病，無法勝任一般健康人的工作，自忖好好認真讀書求學上進，才是我最好的出路。」蔡淑慧自幼需忍受種種病痛，由於骨質脆弱容易骨折、往返住院，父親深怕她在外面會受苦，因此阻礙她外出求學。

但是她不向命運屈服，不僅考取北一女中，由姑媽提供學費，進而不負眾望取得大學學位，成為家族裏唯一的「女秀才」。爾後，她如願與一般正常人結婚生子，經營著美滿的家庭。

然而，接踵而來的人生考驗打擊著蔡淑慧。女兒和她一樣是玻璃娃娃，接著，從事模板工作的丈夫突然中風病倒，一瞬間，生活的重擔必須由她一肩挑起。

所幸，蔡淑慧長期不遺餘力做志工，行善造福廣結善緣「好事做來囥」，當她面臨生活困頓時，菩薩處處湧現，助她一臂之力；

兒女也品學兼優，每學期都獲得獎學金。

即使面臨重重難關，蔡淑慧的善心善念不停息，志工的任務都沒有缺席。在大家的祝福下，她滿心歡喜地說：「我有好消息要告訴大家，我的女兒是玻璃娃娃，但她的想法很正向，從來沒有埋怨。她最近要結婚了，嫁給一位律師。」蔡淑慧的兒子則從臺北醫學院畢業，是位優秀的青年。

回首來時路，陳芬蘭、蔡淑慧感恩在課輔班的付出中，體會「德不孤，必有鄰」。因為自己苦過，對弱勢孩子們更有同理心，她們相信只要有機會，大愛媽媽的故事還會繼續……

就怕錯失了機會——陳秀玲

文—林淑真

天氣冷、疲勞又路途遙遠，陳秀玲有時也會想偷懶一下，但只要想到萬一某個孩子正好遇到困難，請假不就錯失給孩子溫暖的機會。

「早期帶慈少班時，就見過秀玲老師在園區上大堂課，覺得是一位很了不起的老師！」為了尋覓課輔班人文課的老師，江柑四處打聽，終於問到陳秀玲的電話。

一開始，江柑不敢奢求忙碌的陳秀玲能親自來教孩子，只請她介紹有心的大愛媽媽，然而詢問了幾位老師，對方都不克前來。為了孩子，江柑最後鼓起了勇氣邀請陳秀玲。

對於三重新芽課輔班，陳秀玲早有耳聞，雖然自己補習班的課很忙，終於還是不忍心漠視江柑釋出的「迫切需求」訊號，「我自己就『撩落去（奮不顧身去做）』了！」她決定，「再忙，也要把那一分『感佩』做出來！」

說起和慈濟的因緣，可追溯到陳秀玲高中畢業時，在書店看到證嚴法師的《靜思語》，覺得簡短的文字非常優美又有很深的大道理，就買了下來，至今珍藏並加以運用。

大學畢業後，陳秀玲踏入社工界學以致用，累積各種正能量。二〇〇五年加入慈濟會員，受邀加入大愛媽媽。

能夠用喜歡的靜思語去對小朋友說故事，這對陳秀玲來說真是非常開心的緣分。

此後，她在蘆洲、三重兩地的中小學散播愛的種子。每一句靜思語她都用心體會，融入生活成為生動的教材，成為非常受歡迎的大愛媽媽。

在最忙碌的時期，曾經一個學期帶十七個班級。期間接受志工羅美珠的邀請，參與親子營隊，學齡相當的兒子也跟著去當小助理，演戲或幫忙課務準備道具。

團體帶動 各個擊破

曾經有一個小學五年級的學生，是老師口中的「頭痛人物」，個性躁動，經常會蹦出些無厘頭的話。

到了六年級，孩子整個氣質都改變、穩定性也增加了，畢業前的圓緣活動裏，孩子分享：「以前脾氣一來，就會亂說話，其實是因為不知道該說什麼，就亂說話發洩情緒。後來上了秀玲老師的靜思語課程，說到『生氣就是拿別人的過錯來懲罰自己』，之後要丟出一句不好聽的話時，就會先想一想。現在我也覺得自己改變了。」

原來說他「很叛逆」的老師，聽了都感動得哭了！接下來由學生向老師奉茶時，這孩子一走到老師面前就噗通一聲跪下去，並且說：「老師！感恩您！」現場所有人，無不讚歎靜思語教學的魅力。

二〇一五年，陳秀玲開始投入課輔班承擔人文課程，「每學期的第一堂課，我會特別留意每個孩子的特質，做接下來的課程調整。」有時各個擊破，有時會特別加強上課的整體氛圍，也讓學生做延伸教育的回饋，讓孩子們從中去體會感受。

歷文可以說是在課輔班長大的。小學二年級剛來時純真可愛，到了國中就變了，陳秀玲笑看歷文：「他覺得自己是少年了，說話、行為都要不一樣，問他什麼也不再像以前那樣乖乖回答。」

「轉型期的孩子，經常有突發性思維跳出來，也會變得比較敷衍。」陳秀玲覺得：「我們只要關心他，在這段風暴期拉他一把，他就會慢慢轉正。」如今歷文就讀高中，已經穩定多了。

學以致用 相輔相成

有一次上課，陳秀玲以「善解」為主題，讓孩子們以一些符號去作畫。透過藝術諮商，她為孩子一張張剖析，說出他們的心理狀態，孩子們一聽都驚呼：「老師說的好準！」因此，孩子什麼話都會跟她說，她也都能夠接受，和他們打成一片。

幾個調皮的孩子對陳秀玲說：「以前的老師很『機車』，所以我們上課時就故意說一些反話，去捉弄老師。」陳秀玲傾聽之後，會給予正向回饋，讓孩子們知道說真心話可以不受處罰，但不當行為還是需要懺悔修正。

陳秀玲開心地說：「輔導要先得到信任。一開始我就把線拉好，建立好關係，孩子才會接受你，並且聽進你的勸說。」

有一對馬來西亞籍的兄妹，妹妹倩婕小學四年級，長得很甜美，母親讓她留著長頭髮，說以後可以捐髮助人。

倩婕每次上課都坐在前面，對老師有問必答。有一天下課，陳秀玲要離開時，倩婕拿了一張圖畫送給她。打開一看，畫的是一位可愛的長髮女孩。

陳秀玲問：「這畫中的人叫什麼名字？」

「她叫貓玲。」倩婕平常就喜歡貓。

「為什麼叫貓玲？」

「老師的名字不是秀玲嗎？」倩婕俏皮回答。

當時陳秀玲和倩婕一樣都是長頭髮，這張畫正投射了倩婕對老師的感情。陳秀玲說：「孩子往往說不出心裏的愛，但是會用他自己的方式表達。」

肯定讚美溫暖加分

陳秀玲一直認為，給孩子肯定和讚美，是貫穿課程的一大要素。對每個孩子，陳秀玲都予以祝福，她謹記證嚴法師所說「孩子有七分表現，你給他十二分的讚美，他就會做到一百分。」所以從不吝於給孩子正向肯定和鼓勵。「當你看到他們受到讚美的時候，散發出來的眼神，都會覺得特別感動。」

課輔班上課都在晚上，「一整天在補習班，有很沈重的壓力；遇到天氣很冷，疲勞又路途遙遠，有時候也會想偷懶一下。」陳秀玲說：「但只要想到萬一有某個孩子生活中正好遇到困難，而我們一句話的鼓舞，或者一個眼神、一個熱情的擁抱，就可以讓他心開意解，如果我請假了，就會錯失給孩子溫暖的機會。所以我一定要來上課。」

陳秀玲在他人的需要中，看到自己的責任。

「教育是志業，沒有專家，就像一個有機體，一直契合著團體脈動在進步。」社會服務和教育工作，都是人與人之間的接觸，人是有情感的，情感會表現出來，所以動人，這讓志在教育的陳秀玲始終能保有動力。

某天，陳秀玲騎著摩托車，在路口上與一個年輕人擦肩而過，年輕人突然叫了一聲：「秀玲媽媽！」原來年輕人在小五時讓陳秀玲教過，現在已經大四了，相隔許久還記得她的名字。

可惜馬路上不方便停車，否則陳秀玲一定會跟年輕人好好聊聊，問問他的近況。「在這個無償無私的工作裏，給自己最大的回饋，就是法喜充滿，這個法喜是無價的！」

種下一顆善種子——陳淑玲

文—郭碧娥

陳淑玲衷心期待每一位課輔班的孩子，就像一顆善種子，長大茁壯之後，成為社會善的水滴，滴到水面，擴散成一波波漣漪……

社區活動剛結束，承擔生活組的陳淑玲收拾好杯盤，就看到笑臉盈盈的江柑迎面走來。

「淑玲，這次課輔班有一位老師請假，你可以來幫忙嗎？……你是大愛媽媽，可以來上週三的人文課嗎？」

「好呀，什麼時候上課？」陳淑玲未加思索就一口答應，腦海裏浮現兩年前，協助志工王靜慧送餐到三重新芽課輔班的情形。

課程引導觀念

傍晚時分，陳淑玲走進自家廚房，正打開冰箱要取晚餐食材。「鈴——」電話響起，「淑玲，今天我幫課輔班的志工老師們準備了炒麵、丸子湯，麗芳臨時有事沒辦法送，可以請你幫忙嗎？」電話那頭的王靜慧發出請託。

「沒問題，我這就過去。」陳淑玲騎著摩托車來到王靜慧的家，將餐點送到課輔班之後，才回家準備晚餐。

來到課輔班，陳淑玲看到志工老師們和孩子相處融洽，大家的目標都很單純，就是為了教好孩子，用心用愛在陪伴。她心裏就想：「我們家兒子明億如果能一起加入這個團隊就太好了！」

課輔班的孩子專注力不夠，學習力較差，是普遍存在的問題，需要更多的關懷與陪伴。

接受江柑的邀請，陳淑玲當天晚上就著手準備教材，因為有大愛媽媽進校園說故事的經驗，她從大愛臺《證嚴上人說故事》、《地球的孩子》、《呼叫妙博士》節目中找出適合的題材。

課程設計以影片引導，孩子看完影片，陳淑玲再從中提問，讓孩子們學習思考。剛開始，孩子的回答不是很認真，她便運用一些獎品鼓勵孩子。

課堂上，陳淑玲注意到一個名叫世源的男孩，總是默默坐在一旁。這一天的課程觀賞《妙博士》節目，「衣發不可收拾」影片，討論快時尚、一次性平價衣服的問題，影片內容深深吸引孩子們的目光。

每一件來自時尚服飾店的衣服，平均一年之內就會被丟棄，全球每年大約產生九千兩百萬噸的紡織品廢料。「網購便利性」加上「快速時尚」風潮，改變消費者穿衣和對待衣物的態度；買愈多，每一件穿的次數愈少，「品牌行銷」助長人們對物欲的貪執。

喜歡就買，不想穿就丟。人造纖維的衣服經過焚燒會產生致癌氣體，服飾業成為全球僅次於石油業的第二大汙染。

看完影片，陳淑玲請孩子們發表心得。

「世源，你有什麼感想？」外表帥氣的世源就讀國中一年級，平時總是很靦腆，陳淑玲藉著問問題與他互動。

「原來衣服那麼便宜，只是為了讓更多人去買，買了太多沒有穿，衣服就會變成垃圾。」世源回答。

「你回答得很好，以後要將想法說出來喔！」陳淑玲乘機鼓勵世源，世源笑了。

「世源，你好帥喔，笑起來更帥，以後要多笑好嗎？」陳淑玲繼續鼓勵，世源笑得更燦爛了。

有了陳淑玲的鼓勵，世源不再靦腆羞澀，參加社區歲末祝福的

「一念之間」節目表演，社區有活動世源也都會參加。

獲得滿堂喝采

陳淑玲建議帶課輔班的孩子到慈濟三重園區，參加社區活動的節目表演，得到江柑的肯定與支持。為了讓孩子們有機會上舞臺，藉此建立自信心，也希望年輕的課輔老師們更了解慈濟，只要社區有活動，如冬令發放、新芽獎學金頒獎典禮、歲末祝福等，陳淑玲都會推薦讓孩子們參加。

參與節目表演，舉凡選曲、動作、隊形、服裝、練習場地、時間安排，包含聯繫工作，完全交由老師們規畫負責。老師們不再只是在教室內授課，而是和孩子們一起參與課外活動，是完全不一樣的體驗。

在園區練習、彩排是一大挑戰。練習時間，有些孩子自己到園區，有些是江柑和課輔老師們一起帶著搭公車去。課輔班的孩子，有的情緒較不穩定，甚至會躁動，照顧起來加倍辛苦。孩子初到園區時，有如到了兒童樂園一般興奮，到處亂跑，考驗著老師的耐心與智慧。

因為多年的教課互動，遇到孩子鬧脾氣時，老師們會用布娃娃、玩具等各種方法安撫他們的情緒。

慢慢的，孩子不再滿場跑，可以靜下來認真練習。《跪羊圖》手語劇、《志願的力量》、《小丸子》話劇、〈地球的孩子〉手語歌，甚至舞龍舞獅，每一次孩子們盡全力的演出，表演結束總是獲得滿堂喝采，大家滿心歡喜，臉上燦爛的笑容寫著「值得」！

孩子們精湛的演出，加上年輕人的創意給社區注入一股活水。因為密集的練習，大家更像家人一般融洽。活動中，年輕老師了解慈濟的理念，啟發了愛心，擴大了行動，多位老師後來參與培訓，受證為慈濟志工。

孩子們有更多時間與老師相處，感受更多愛與呵護，在這裏找到家的溫暖，對老師更信任，對課輔班更認同，變得積極主動，貼心乖巧，看到老師有需要都會主動幫忙。

母子一起參與

一天傍晚，讀大學的兒子周明億回到家中，「兒子呀，有人臨時不能來課輔班，怎麼辦呢？你能不能去幫忙？」面對陳淑玲詢問，周明億一口答應。

周明億負責教數學，看到這些弱勢家庭的孩子，他用心研究教學方法，配合獎勵，讓他們能專心上課。

陳淑玲雖然不是專業老師，卻是用媽媽的心陪伴孩子，運用輕鬆活潑的方式講解，深得孩子的喜愛。在講解靜思語「生氣是短暫的發瘋」時，表現出歇斯底里的發瘋表情，逗得孩子哈哈大笑。讓孩子看到生氣的發瘋醜態，生動的引導，印象深印在孩子腦海中。

遇到挫折時，陳淑玲警惕自己不要忘記當初不捨這些孩子的初衷，期許自己要當孩子的貴人，能夠幫助就要盡力去做！

陳淑玲謹記著證嚴法師的話，「一顆善的種子種下去，多年之後飄到哪裏不知道，但是有一天他會想起某年某月在某個地方，有位老師告訴他的一個故事或是一句話；不要小看這一顆小小的善種子，有一天終會發芽。」陳淑玲衷心期待每一位課輔班的孩子，就像一顆善種子，長大茁壯之後，成為社會善的水滴，滴到水面，擴散成一波波漣漪……

小小的單純願望——白滙溱

文—曾秀旭

一個孩子在禮物單上寫下：「希望爸爸可以身體健康回家。」白滙溱看了好心疼，「每個小朋友都會想要禮物，但他的願望僅是希望爸爸健康。」

「李惠美，眼睛張開來，看看誰來看你？我是Helen，媽咪，眼睛張開來看看！」白滙溱不斷呼喚坐在輪椅上的婦人，那是她的媽媽，右手緊握著手巾，左手手指腫脹、鬆軟地癱在腿上。

二〇一三年，白滙溱的媽媽因骨折住進安養院，二〇二〇年中風傷害了腦部，從此無法言語，手腳僵硬，只能坐輪椅。

新冠肺炎疫情前，每隔兩天，白滙溱就來陪伴媽媽。疫情期間，安養院每日只開放下午時段，讓家人探訪。雖然無法言語，但當白滌湊幫媽媽按摩手部時，她會舒服地閉上眼睛，動作一停止，她又立刻張開眼睛，口腔鼓氣發出聲音。

「我常常不確定，媽媽是否知道我是她的女兒？如果時光能倒流，應該再多帶她出去走走，還有好多美食，我都想帶媽媽去吃。」

將媽媽送往優質的安養院，白滌湊很幸運有一份可以支撐媽媽和自己生活的工作，可以獨力負擔安養院的費用。親戚議論紛紛，說她把媽媽送到安養中心很不孝，但她知道自己力氣不夠，也缺乏專業知識，可能導致媽媽病情更嚴重。

能說四國語言

白滌湊皮膚白晰、外型出眾，擔任外商公司的業務總監，能說流利的英、法、日語，每月進出國外洽商。二〇一三年，她進入三重新芽課輔班，契因來自於無常。

「我的外婆是日本人，只會說日文和閩南語，從小家裏溝通就是中、日語交雜。」這是白濰溱先天的語言優勢。

在她國中時，父親和唯一的弟弟相繼因病過世後，成長過程就只剩她和媽媽相依相伴。

從大學法文系畢業後到法商公司工作，當時覺得自己的法文只是半吊子，內心出走的念頭蠢蠢欲動。「我決定到法國念書，補語言不足處，更想嘗試語言之外跟人有關的行銷專業。」

她考上法國第十一公立大學，雖然家裏支持學費，但成熟的她不想增添媽媽的負擔，生活花費非常節省：「我住學生宿舍，沒錢買冰箱，冬天就把食物放在陽臺，覆蓋了雪就像冰箱一樣。夏天盡可能買不易腐壞的食物，或者向同學借冰箱使用。」

除了節流外，她還開源，在法國教中文。「我實在太喜歡巴黎了！本來跟媽媽說只去兩年，兩年後我又再念法國第八大學拿到碩士，一畢業就找到工作，在巴黎一待六年。」

二〇〇四年回臺後，她到新竹科學園區工作，薪水減半但工作加倍，只有週末能回家陪伴媽媽。二〇一三年，媽媽動過脊椎手術後不良於行，她決定從竹科回到臺北工作，多一點時間陪媽媽。

但長期處在高壓的工作，照顧媽媽的責任也沒有人分擔，加上情感不順利種種原因。她開始思索，為什麼人生會這麼辛苦呢？

「別人眼中的我，有一份好工作，能力和外表也不差，但是沒人知道我內心的壓力，夜半時分常常哭溼了枕頭。」急於找出口，她尋求各種方式來解心中的疑惑。

因緣際會遇到一位命理老師，也是她生命中的貴人之一，「命理老師說，改名字只是讓你人生有一個機會，但並不代表所有福分將匯集於一身。想要幸福必須自己努力，還要懂得先付出，財布施、身布施，有空時可以多讀誦經典。」

她不僅改了名字，也把自怨自艾的負面心態都一併改掉，更身體力行地投入布施，運用自身的付出幫忙更多人。就在這個時候，她接觸並到三重新芽課輔班幫忙。

布施改變命運

每週，她會選擇一天提早下班，先到護理之家看媽媽，再坐公車、換捷運到課輔班。

擅長語言的白濰溱，細心指導孩子英文，也可以輔導歷史、國文、社會等功課。除了眼前的課業，未來的就學方向是選念普通高中或職業學校，她也細膩地為孩子分析其中差異，幫助孩子選擇想念的學校。

「經濟考量下，建教合作會是不錯的選擇。」當時幾位學生都屆臨人生抉擇，白濰溱發揮工作人脈與效率，邀請在中學擔任餐飲科系主任的表哥，來課輔班與學生分享，包含建教班特色、課程內容、公司合作方案、未來出路等。

「後來雖然沒有學生去念餐飲科，但是我希望讓他們知道有哪些社會資源可資利用，並非經濟弱勢就得被迫放棄學習的權利。」

每年寒、暑假，課輔班都會邀請輔導哥哥、姊姊準備學校功課以外的課程內容，讓孩子拓展視野。白濰溱曾邀請一位留學日本的同事，分享日本文史及人文風情。

同事認真介紹日本食、衣、住、行的文化外，還聊起曾踏足過的旅遊景點，並介紹日本知名歷史人物德川家康一生的傳奇。精采內容，連白濰溱都聽得津津有味：「課輔班小朋友都沒有出國的經驗，藉由分享可以給孩子一個夢想，給他們學好英文的動力，將來可以去看看世界。」

為了建立課輔班孩子們的自信，白滙溱教導他們製作簡報檔，邀請孩子上臺介紹簡報檔中的內容。促進學生們上臺演說的能力外，也增強信心，這才是她希望學生們達成的學習目標。

白滙溱印象深刻，有一次耶誕節讓孩子們寫下願望跟想要的禮物，小學生仁淵、仁豪兄弟檔，弟弟仁豪在禮物單上寫下：「希望爸爸可以身體健康回家。」

看了之後，她好心疼：「每個小朋友都會想要禮物，但他們兄弟的願望僅是希望爸爸健康。他們那麼小就要面對生死課題，真的讓人很不捨。」

透過課輔班，她發現在大環境中，原來有這麼多外籍配偶、隔代教養的弱勢家庭。芷馨在小學階段還滿正常，到了國中開始衣服不洗不換，指甲骯髒，後來才知道她在學校遭到霸凌。她不敢去學校就逃學，有一次白濰溱陪她回家，在三重巷子裏鑽來鑽去。

白濰溱怕她逃家，課輔班的哥哥、姊姊輪流陪她回家，確定她進到家門後，大家才放心。後來她又消失了一陣子，再來就聽到壞消息：芷馨懷孕了，從高中休學。

「她自己也還是孩子，家裏的問題、學校的問題，她有什麼能力解決？」這是令白濰溱也無奈的例子。

☀

每個月白濰溱至少有一週時間要出差，只要一回國，她就會打電話問課輔班需不需要幫忙？

「忙碌的高壓工作，更驅使我想去課輔班，因為那一個多小時的陪伴，對我來說，看似付出，其實得到的更多。孩子的純真與被他們需要的感覺，讓我暫時忘記生活中的壓力，全心投入。從課輔班得到的溫暖和成就感，是最好的收穫，讓我懂得分享與珍惜自己所擁有的。」

小朋友很天真，沒有多餘的錢買畫圖本，就在作業本上畫下謝謝白姊姊教導的圖畫。白灕溱感動又開心，趕忙用手機拍下來。「小朋友常常會問，為什麼你上星期沒來？聽了心裏很開心，原來我也是被在意的人，這更加促使自己一定要來。」

白灕溱從內心感謝，有機會學習身布施，也讓自己變得更幸福。

被CALL住了——陳婉婷

文—林佩臻

「這裏有家的感覺，我被CALL住了，對這裏有感情，也就放不下了。」孩子的貼心與回饋，讓陳婉婷感動又滿足，也療癒了自己。

少女情懷總是詩，十七歲的女孩，本該盡情揮灑青春、快樂，無壓力地成長，但高中二年級的陳婉婷，卻因種種原因，讓自己陷入極度不開心的境地，直到進入慈濟三重慈少班，她的人生才開始變得不一樣。

陳婉婷跟著慈少班參與養老院關懷、環保、陽明山戶外活動等，見苦知福中漸漸了解到自己是幸福的，心也漸漸放開了。

她在慈濟舉辦的暑期營隊擔任隊輔，認識一位就讀小學的弟弟，「因為家庭因素，他常跑法院作證人，讓我好震撼。」營隊活動雖然結束了，陳婉婷熱情不減，寫卡片給每位隊員，弟弟是其中有回應的孩子之一，這段緣分讓他們持續聯絡至今。心智成熟的弟弟，反而常常給予她陪伴支持，讓陳婉婷找到存在價值，當她擔任志工輔導別人時，也療癒了自己。

愛與被愛

二〇〇八年參加三重園區舉辦的歲末祝福，二十四歲的陳婉婷聽到志工王靜慧和陳姵君分享「三重晨曦計畫（現名：三重新芽課輔班）」的點點滴滴，勾起了她對慈濟的難忘回憶，便主動打電話給聯絡人江柑。

從此，她一頭栽進課輔班，除了上班，回到家裏依舊在想著、做著課輔班的事。舉凡前置作業，教案設計、找尋講師分享課程；課程中拍照、錄影；事後資料建檔、文稿紀錄等。

她和孩子們一起參與了許多戶外活動，如國小運動會、慈籃賽跑、大愛臺參訪、環保站體驗、參觀圖書館、動物園、蝴蝶步道等。

只是投入時間愈久，還是會有疲倦的時候。每週兩次的課輔班時間常和加班衝突，或者回到家已經很累了，陳婉婷說：「有一次想偷懶，回家補眠一下，江柑媽發現我沒去，七點就接到她的電話，只好趕緊到課輔班。」

「有一次人手不夠，婉婷好像在基隆，我一通電話，也是馬上趕回來幫忙。」江柑在一旁微笑回應。

課輔志工來來去去，孩子也來來去去，陳婉婷心態上也不斷調整。一開始會要求孩子的功課表現，後來發現每個孩子的背後都有故事，就將標準降低，只要他們有來課輔班，讓志工愛一下就好。

參與十一年多，有的孩子來課輔班時才讀幼稚園，現在已經高中畢業；有的大學畢業，在工作並擔任要職；有的結婚生子了……陳婉婷回憶著過往，「孩子們不時會回到課輔班看看我們哦！」「這裏有家的感覺，我被CALL住了，對這裏有感情，也就放不下了。」陳婉婷緩緩地說。

盡力就無憾

視陳婉婷為左右手的江柑，彼此默契十足，一個眼神、一個動作，就知道下一步要做什麼。她們不只教孩子功課，也重視品德教育，志工還會相約去家訪，了解孩子們的家庭狀況，而愈深入了解，愈讓陳婉婷感慨萬千。

「親愛的婉婷姊姊，謝謝你在這十年課輔中，讓我成長了許多，還講了許多故事給我聽。傷心時，你總會安慰我；生氣時，你總會逗我開心；開心時，我們會做一些有趣的事；肚子餓時，你也會帶我去吃飯！偶爾，姊姊也會帶我去爬山、騎腳踏車，我很開心能認識這麼包容、愛我的姊姊。雖然我還沒有到十年啦！但是回憶的心與你同在。」看到芷馨手寫的貼心卡片，畫上一個大愛心，讓婉婷不捨她曲折的遭遇。

芷馨的媽媽在她很小時就離開了家，爸爸也生病腦部開刀，加上家裏重男輕女，芷馨較不被關愛，價值觀漸漸產生偏差，上網交朋友，課輔班時來時不來，曾經逗留街頭一段時間。

學校老師也在關懷芷馨，曾帶她去佛經班。為了她，課輔班動員很多志工的力量陪伴，讓她感受家的溫暖，還安排白濰溱姊姊教她英文，她也學得很開心。

當大家很努力在拉芷馨一把，無奈高中時她就因懷孕而結婚生子。雖如此，大家依然未放棄她，課輔班的大姊姊簡羚茜，找了警察大學的女同事、江柑媽和芷馨，組成一個 LINE 群組，線上教她如何餵奶、帶孩子。但依然無法讓她走回正途。後來，芷馨婚姻無法繼續，選擇離家，孩子送至寄養家庭。

「當課輔志工也有很多的無奈，每次遇到這樣的孩子，都難免有『不如歸去』的想法。」心中深沈的無力感，曾讓陳婉婷想要逃離，但她終究沒有離開，而是告訴自己「盡力就好」，她透過照顧另一個孩子來轉移注意力，以此方式抽離情緒。

漸漸地，她學到要先把自己照顧好，再來顧及其他的事，才能讓自己保持初心。

補充能量再出發

有一次，陳婉婷看著新來的志工媽媽陪伴著幼稚園大班的以真，就過去關心學習狀況。以真正在用尺撕紙，紙卡上畫了大大的「1」和「2」，陳婉婷請以真畫一個「3」送給她，以真卻拗著脾氣說：「不要！」

陳婉婷轉身離開，去看別的小朋友，但過不久以真就跑過來，送給她紙卡「3」。紙卡的字筆力穩定，顏色均勻，著色都在框線內，而且紙卡撕得很有型，讓陳婉婷超驚豔：「以真說不清楚自己名字，也認不得注音符號。」

本來不抱什麼希望，但她想到電影《心中的小星星》，用五感——視覺、聽覺、嗅覺、味覺、觸覺來引導這孩子，也許是個好方法。於是從圖書館找來許多幼幼班的繪本，和其他志工接力說唱逗笑演示給以真聽，以真有時呆滯、有時笑翻。

快下課時，缺乏母愛的以真會一直討抱抱，變得很撒嬌，陳婉婷會用力地擁抱她、小心地疼她。「雖說是輔導課業，可是進一步了解孩子們的家庭，會覺得這些孩子很需要陪伴。」

紀麗，是第一個讓陳婉婷流淚的孩子。她出生時，媽媽離家出走；出生七天後，爸爸將她託給阿公、阿嬤照顧，自己一走了之。國小時，有一次阿公尿失禁，紀麗還親自幫阿公換尿布。

紀麗與阿公、阿嬤相依為命，然而阿公、阿嬤卻在她小五、小六時相繼往生。她國中就開始打工，高職畢業後，沒有繼續升學，自己工作賺錢，也幫父親付房租。有一陣子陳婉婷陷入低潮，紀麗還來鼓勵她，對她說：「姊姊，謝謝你當初的鼓勵和教導。」孩子的貼心與回饋，讓陳婉婷感動又滿足。

遇到逆境時，許多人總是自怨自艾，但父親中風癱瘓的智萍、智茵姊妹，受到媽媽樂天的影響，也學會堅強以對。四十歲、來自大陸的李媽媽不抱怨自己的遭遇，幾年來，將原本臥床的先生照顧到可以走路。

「我學到她們的孝順與樂觀。」發現兩姊妹很喜歡繪畫，陳婉婷課餘便多給她們這類資源，送畫筆、素描本獎勵她們，多給她們一些鼓勵。

課輔的過程中，有的小朋友叫他往東，但他偏要往西，為反對而反對。遇到這樣的孩子，陳婉婷非但沒有想要放棄，還激起了她學習的動力，透過課程進修、找尋相關教育書籍和參與各項活動等，想辦法突破困境，再把它運用在孩子身上。

這樣的學習讓她很快樂，更有衝勁。陳婉婷用單純的心專注在教育，陪伴和關懷孩子，給他們更多的愛。

有求必應——李政緯

文—楊明薰

停紅燈時，江柑眼睛掃描著身邊的騎士，眼熟地叫出一個名字，年輕帥哥還真有了反應。就這樣，李政緯在紅綠燈路口被「逮個正著」，成為課輔班志工老師。

不管是開車或騎車，碰到紅燈總希望快點轉成綠燈。在這短短的一分鐘裏，有人閉目養神，有人不停地數著秒數，有人發呆，有人蠢蠢欲動，一副要闖燈號的架式。

不過有一種人卻把握僅有的讀秒時間，滿腦子想著：「怎樣才能找到所需要的課輔老師？」

她是江柑。除了動腦，眼睛掃描著身邊的騎士，停在不遠處載著媽媽的年輕帥哥，怎麼那麼眼熟？瞬間從記憶裏翻了一下名單，她叫出了一個名字——政緯，年輕帥哥還真有了反應。

「誰叫我？」李政緯內心納悶著。

循聲看到一位阿嬤級人物，露出一臉真誠的笑容，就這樣，李政緯被「逮個正著」，誰教他曾經參加過慈濟的慈少班，就在紅綠燈路口，江柑說明來意，只有一個意思——三重新芽課輔班需要志工老師。

網路號召熱青年

李政緯到課輔班與江柑詳談後，決定投入教學行列，同時也發現，課輔班真的很欠缺老師。

他想到運用網路力量，號召更多有志者來參與，於是在網路上發出招募課輔老師的訊息。很快就有了回應，招來多位熱心的年輕人一起投入。

一九八六年出生的李政緯，大學考上臺大機械系，大二開始參加慈幼社直到畢業，每個月一次到萬里、貢寮偏鄉小學舉辦活動。每逢寒暑假，都會辦三天兩夜的營隊，透過營隊寓教於樂的方式引導小朋友學習常識與技能，並為他們建立良好的價值觀。

大學畢業，在臺灣讀了一年研究所後，李政緯申請出國做交換學生，在美國伊利諾大學（University of Illinois）就讀一年。

優秀的學歷與能力，李政緯謀得很好的工作，在系統公司從事軟體開發。這是一份責任制的工作，但不管工作怎麼忙，他都會挪出時間來給課輔班的孩子。

二〇一二年開始投入，每個星期三下班後直接前往課輔班，每週兩個小時，從不間斷。從單身到現在身為人夫，也有了一個一歲多的兒子。

著眼在長遠效益

禹剛、禹祥與莜蓉三兄妹，都是李政緯一手帶過的孩子。禹剛國三時，他負責輔導數學；畢業後，弟弟禹祥接著進入國三，接著輔導；一年後禹祥畢業，接著就是妹妹莜蓉。

這三個孩子來自一個新住民家庭，工作忙碌的媽媽無法專心照顧他們。每天他們要走半個小時才能到校，三個孩子都相當乖巧懂事，本質也很善良。

國三的孩子，課業當然有壓力，李政緯會與他們分享，當初自己在這個階段時課業繁重，考試又多，如何適度調適壓力，才能再往前踏上一步。

曾經發現，有些孩子的成績一點起色都沒有，這讓李政緯相當難過與生氣。以經濟學的角度，這不符合經濟效益；以設計學的角度，叫原地畫圓，浪費時間，不管用什麼角度，都叫人氣餒。

曾在補習班擔任老師的李政緯，對自己的教學有相當程度的信心，但為什麼對課輔班的孩子卻不管用呢？看著眼前的成績單，他思索著是哪個環節出了問題。

他向當時女友也是如今的妻子傾訴自己的挫折、難過與徬徨，回想自己就學的過程，多麼認真念書，多會把握時間，就算這些孩子資質不夠好，但勤能補拙，透過努力就會與成績成正比，而自己對孩子們的付出竟然沒有半點成效，到底問題出在哪裏？他想，總不會是自己的問題，因為自己真的很努力啊！

女友聽完，輕聲地反問李政緯：「孩子需要的是什麼，你有沒有想過？你所認為的付出，真的是他們需要的嗎？很多事情以自身的角度來看來想，真是對方所需要的嗎？每個人的成長環境不同，需求當然也不同，你是不是該先了解孩子的需求，經由孩子的角度出發，去激發孩子的興趣。」

李政緯靜下心來想，這些孩子很多都來自不完整的家庭，他們需要的是更多的陪伴，而不是課業的進度。

找回教育的本質

李政緯的強項是數學與理化，不過只要有疑難雜症，就算是英文，不分高低年級的課業，他都可以勝任，經常輔導不同的孩子。

「沒那麼厲害啦，還是要先知道教學範圍，並找資料做功課，才不會誤導孩子。」李政緯對「有求必應」這樣的讚譽謙虛地說。

回想在這八年中，李政緯從嚴師轉變成慈父，初期與一般世俗看法相同，因為自小到大嚴以律己，就期待孩子的成績也要有所成長。慢慢地，他轉變成用心陪伴，更深入認識孩子，也逐漸體認到影響孩子一生的不是學習成績，而是健全的人格修養。

當自己努力彌補這些孩子的不足，認為拉高成績是理所當然時，卻忽略了這些處於弱勢的孩子，在人生的起跑點上，就比一般孩子後退了許多。跌跌撞撞的磨合中，李政緯體會到，不僅僅是孩子在學習，自己也在與孩子的互動中，得到不同的認知，透過他們重新學習，同時開啟了他對很多事情的重新思考。

教育的本質是什麼？自己除了給孩子課業上的知識外，還能給他們什麼？教育究竟可以帶給這些孩子什麼？為什麼孩子們這麼喜歡到這裏來？

李政緯認為：「最可貴的是這個環境的純真，因為大家都是無私的付出，很自然產生了一個善與愛的循環，這才是最實際的道德教育。」

以前曾經參加過慈少班，雖然已記不清楚上課的內容，但在潛移默化中，已經播下了種子；大學時期加入慈幼社，舉辦育樂營隊，帶給偏鄉孩子們歡樂，不也在播下善的種子。

李政緯發現，有時學習不是在課本上，反而是在每個人身上，透過行為上的互動學習更真切，每個孩子都是一本活教科書，每個孩子都是自己的老師。孩子身上隨時都有考題出現，考驗著自己的智慧，往後還有更多的日子，會持續陪伴這些孩子走下去。

暖心的警察哥哥——陳晉煒

文—王鳳娥

「有一位隔代教養、讀國中的孩子，媽媽過世，爸爸坐牢。他不愛念書，你來陪伴他。」她刻意讓身為「警察」的陳晉煒輔導這位「特殊」國中生。

晚間，臺北市街頭的霓虹燈閃爍著華麗光彩。位於南昌路的警政署保六總隊大樓，也透出溫暖的燈光。在這裏當「人民保母」的陳晉煒，看看腕錶已晚上八點了，他趕緊下班，快步走到中正紀念堂捷運站，要趕去三重新芽課輔班。

這天因加班而「遲到」的陳晉煒，趕到時，課輔班正準備下課。「趕過來，就想跟孩子哈囉一下，說拜拜也好！」陳晉煒露出陽光般燦爛的笑容。

他就是這麼「暖心」的人，課輔班孩子們最喜歡的「晉煒哥哥」，南部來的「出外囝仔」，二〇〇九年警察大學畢業後，就在臺北保六總隊工作至今，目前還在政治大學攻讀宗教研究所。

「家人在南部，輪休時很想做點事情。」對佛法有興趣、茹素的陳晉煒，從網路找到慈濟。他笑著說：「我發現慈濟除了學佛，還可以做好事，就自己找去忠孝東路的會所。」

經志工章呂芬香接引，陳晉煒於二〇一三年一月受證慈誠。同年十一月，在一次證嚴法師和志工溫馨座談時，聽到王靜慧和陳婉婷分享帶動課輔班的心得，讓喜歡小朋友的陳晉煒很感動，於是主動表示想加入。

「晉煒來課輔班，讓我很安心。」江柑笑瞇瞇說起陳晉煒的「好」，「他做事很謹慎，課輔班小朋友若在外打架鬧事，我第一個想到的就是找晉煒。」

多才多藝的陳晉煒，也承擔課輔班大小活動的主持、記錄、給社工的檔案製作，或每年暑期戶外教學活動的場勘、規畫等。

給孩子的第一堂課

二〇一三年十二月三十日晚上，陳晉煒在課輔班為孩子們上第一堂課。

那天，他以自己讀書和工作的經驗，和小朋友分享「為什麼要讀書」和「讀書的好處」，並帶領小朋友觀賞《已知的宇宙》影片，探討宇宙的奧妙和人類的渺小；示範教學柔道防身術、分享可豐富心靈的佛法等。

這堂課，牽起陳晉煒和課輔班孩子的「緣」。很喜歡和孩子互動的他，每次在課輔班看到調皮的小孩，總發出會心的微笑。「小朋友的笑容，就是給我的最大動力！」

「若有孩子苦著一張臉，我最常掛在嘴邊的口頭禪就是：『來，笑一個嘛！你看，你笑起來多好看。』」陳晉煒哈哈笑著說：「國中生多數板著一張臉，幫大家擦上『新芽版的慈濟面霜（微笑）』，是我去課輔班最常做的事情之一。」

除了逗孩子開心笑和陪伴孩子學習，每學期開學的第一堂人文課，陳晉煒會為孩子講解「慈濟十戒」、「學佛行儀」等。「希望為孩子樹立良好的品德規範。」

很多孩子對陳晉煒的警察工作很好奇，有一年，他請擔任過維安特勤的同事鄭志江，來為孩子上一堂讓大家「耳目一新」的課。

透過播放維安特勤訓練影片，大家看到警察訓練的過程驚險又刺激；有射擊、煙霧彈、伏地挺身、高空垂降……小朋友看得目瞪口呆，「爬那麼高會不會掉下來啊？」「子彈是真的嗎？」「伏地挺身可以做幾下啊？」

鄭志江一一回答說：「你們看到的垂降都要做好保護措施，不會掉下來啦！訓練用的子彈是假的……維安特勤平常訓練體能很重要……」

這堂課，也讓孩子明白「歹路不可走」！

叛逆學生遇上警察大哥

二〇一四年六月，江柑對陳晉煒說：「有一位隔代教養、讀國中的孩子，他媽媽過世，爸爸坐牢。他不愛念書，你來陪伴他。」

他是啟明，有一位雙胞胎兄弟被荷蘭夫婦收養，有好的家庭和教育，而啟明則和阿嬤相依為命。兩人同一娘胎出生，命運卻像王子和乞丐。

啟明四歲時，與小朋友一起玩耍，右眼被劃傷，雖持續就醫，最後還是失明。小學六年級置換眼角膜，手術依然失敗。受傷的右眼微凸，為了掩飾內心的自卑，每次他和人講話或拍照，總會刻意側著身體，讓好的眼睛望向大家。

「第一次見到啟明，是他國一將結束要放暑假的時候，矮小瘦弱的身子裏，卻有著倔強的脾氣。」陳晉煒說：「他常和一些不良少年廝混，學會抽菸、喝酒、罵髒話。」

啟明對課輔沒興趣，常常愛來不來地翹課。但他有一位要好的同儕同學，也是課輔班的孩子巫燕，常「緊緊抓住」他一起來課輔班；不然，江柑就要千方百計邀他來。

「晉煒哥哥來了喔！趕快來課輔班。」陳晉煒來課輔班後，江柑刻意將他們兩人配對，讓「警察哥哥」來輔導這位「特殊」的國中生。

對人有防衛心，全身如刺蝟般的啟明，面對大哥哥的關懷時，卸下了心防，讓陳晉煒走進他的內心世界。

「啟明不是輔導功課對象，他根本不喜歡讀書，來課輔班就是陪他聊天。聊天也很重要，從聊天、傾聽中，知道他有哪些朋友，最近發生什麼事？了解他的想法，再慢慢去引導他。所以我每次到課輔班，都希望可以看到他。」

終於遠離狐群狗黨

有一天，啟明向陳晉煒坦白：「朋友會找我抽菸、喝酒，也會拿毒品給我，但我絕不碰毒品。」他的父親因毒品案入獄，而他也在課輔班上過「無毒有我」人文課，這些都讓啟明深深記住毒品不能碰。

陳晉煒諄諄告誡他：「香菸裏面的尼古丁和焦油會傷害身體；酒裏的酒精會影響大腦，容易發生意外……」

「我沒辦法戒菸酒。」抽菸影響啟明的體力，學業成績也退步了。體型瘦弱的他不在乎地說：「反正人生就是吃喝拉撒睡，無聊就打球，功課不太差就好。」

平時表現堅強不認輸的啟明，有次在聊天時，突然向陳晉煒說：「誰招惹了我，我會殺了他……」當下，陳晉煒感受到衝擊，但還是安撫他的情緒：「你不能有這種念頭，不要把人想得那麼壞，更不要每次生氣就要用暴力解決。」

「得知啟明打人，我的心像是被刺了一針，很難過。」陳晉煒嘆了一口氣說。為了不讓血氣方剛的啟明再犯錯、走入歧途，陳晉煒常在假日陪他打球、運動，並和他探討人生的意義，引導他去挖掘隱埋在內心深處的善良種子。

有一年暑假，喜歡田徑的陳晉煒，約啟明到三重的集美國小操場跑步。在休息聊天時，啟明突然露出很羨慕的表情：「哇！哥哥你的肌肉好壯，還有線條呢，你的力氣應該很大！」

「我們男子漢要鍛練肌肉來保護弱小。」陳晉煒再秀出手臂肌肉給他看，鼓勵他一定要戒菸酒和好好鍛鍊身體。

「在課輔班，我陪伴他兩年多，感到比較挫折的，是啟明喜歡罵髒話，但我會讓他知道，有我在就不許說這些。」

五年前，啟明國中畢業就讀高職，也離開了課輔班，江柑仍常常關懷他，若發覺他有什麼狀況，就通知陳晉煒去鼓勵、關心他。

現在，啟明很認真在超商工作，下班就回家陪伴阿嬤，也不和過去那群狐群狗黨來往了。

「課輔班都是弱勢家庭的孩子，需要花很多心力投入，我把自己當成是他們的哥哥，給他們有家人依靠的感覺。」到了教師節或警察節，陳晉煒收到孩子們給他滿滿的感恩和回饋——

「謝謝哥哥平時對我們無私的付出。當警察很辛苦，感謝你不辭辛勞地來陪我們。」

「晉煒哥哥，謝謝你陪伴我們念書，我們都知道你要上班，有時候不能來，但有時候一下班，你還是會趕過來。」

「晉煒哥哥，我愛你，祝教師節快樂！」

陳晉煒看著孩子們送給他的卡片，卡片裏除了寫上感恩和祝福的話，也有生動有趣的創意畫，他們天真爛漫的孺慕之情，讓陳晉煒被感動得又哭又笑。

只是「順路經過」──楊逸斌

文─明含、陳晉煒

「自己也不是那麼忙的人，每週不差這兩個晚上啦！」周遭親友很好奇他居然能投入那麼久，楊逸斌則謙稱自己只是「順路經過」而已。

眾人口中的「小斌」──楊逸斌，說小也不小了，三十七歲的大男生，未婚，生活簡單又樸實，課輔班的孩子們都稱他「小斌哥哥」。輔大畢業後，楊逸斌在師範大學拿到化學碩士學位，當兵之後選擇到電子業的樣品部門上班。

「後來我抽到籤王了！」原來他抽到公司外派去大陸蘇州的第一順位，回臺後可望優先升職。但他怕蘇州的寒冬，又看到有人回臺後並沒順利升職，因此放棄去蘇州，改考公務人員。

考上後，先是分發到經濟部能源局，每天盯著電腦打公文，審核石油業者進口油品，或石油業相關申請案、或裁處。他覺得這樣的工作很枯燥無趣，因此又再度換工作，到北科大上班，管理實驗室的化學品及系上安全衛生環境等相關事務，終於找到跟自己專業相關的工作了。

直到聽聞親友介紹三重的新芽課輔班，母親大力支持，認為有能力就該多幫助人；楊逸斌也認為自己雖然還不能賺大錢救濟窮人，但從小課業還不錯，可以先出力。因此加入課輔志工團隊，陪伴無數個學生，從幼稚園到高三的學生都有。

周遭親友很好奇他居然能投入那麼久，楊逸斌則謙稱自己只是「順路經過」而已。

「自己也不是那麼忙的人，每週不差這兩個晚上啦！」楊逸斌到課輔班一段時日後，經江柑的邀請，參加慈濟的歲末圍爐。為了訓練自己跟人交際溝通，承擔過慈濟營隊小隊輔；更加入臺北世大運志工團隊，鼓起勇氣向陌生人介紹。

受挫是難免的

課輔班有一部分的志工會陪伴固定的孩子，無法固定前來的則是以相互補位的方式。而楊逸斌就是其中一位能固定前來的志工，雖然嘴上不提，但在心裏已默默要求自己要來付出。

當課輔志工，不同於單純的家教，不能制式化，只要求課業成績。底子不好的學生要加強打底，給孩子正向的建議；還要帶學生戶外郊遊，邀請大愛媽媽志工來分享手工藝、帶動唱、防災教育、反毒宣導、衛生保健……志工更帶領學生為老師奉茶、按摩，希望孩子們敬師、謝師、學禮儀、懂感恩。

每當孩子有好的表現時，更要及時分享他們的成就，品嘗孩子自己烘焙的餅乾、聽他們吹奏直笛，無非是要幫助孩子找到自己的亮點，建立自信。

但在課輔班當老師，受挫也是難免的。「不懂事的孩子對我愛理不理，當然會感到難過，但熟稔了又會太皮，尺度的拿捏真是大學問啊！」楊逸斌表示，更有不領情的家長，也會不時潑冷水。

像倩婕的父親中風，全靠阿美族的媽媽幫人打掃維生。倩婕喜歡畫畫，無師自通，很有天分。她在小學時被同學捉弄欺負，同學之間經常吵架翻臉，所以不愛上學。

直到小六時，楊逸斌接手課輔，她的功課已跟不上，要加強複習助她銜接課程。但她太愛玩，覺得來課輔班很無趣，只想在家看動漫或玩手機。她的媽媽也認為人生快樂就好，默許她缺課在家。

又如沈伊玲郡三姊弟的姓氏不同，分別從父姓、母姓，專注力不夠，聊遊戲總是比課業認真。但在楊逸斌努力搞笑教學下，兄弟倆的理化跟數學成績都變好了。可惜自從父親坐牢回來，全家反而不適應，日子不再像以前那樣平順，媽媽竟因此暴瘦如柴。

出獄後的沈父很自卑，感覺自己被全家人排擠，因此遷怒，反對孩子繼續參加免費課輔，讓楊逸斌對這三姊弟的未來感到遺憾與憂心。

比起正常家庭的孩子，課輔班的孩子成熟得特別快，或許他們的人生，就像茶葉蛋一樣，有了裂痕才更能入味吧！

給孩子安心的感覺

但欣慰的是輔導過的學生當中，也有人因課輔班而扭轉命運，例如智茵姊妹檔。

小六的智茵是一位活潑的孩子，乖巧且聽話，數次擔任課輔班的班長，協助點名與發學習紀錄等，相當負責。不過在課業上，數學始終是她的弱項，成績遊走在及格邊緣，讓媽媽很擔心。

智茵上了國中之後，受到叔伯愈來愈嚴格的管教，導致她來課輔班的時候，通常是板著一張臉，脾氣一上來，讓楊逸斌也是愛莫能助。在其他志工的相互補位之下，智茵的脾氣還是會收斂一點，畢竟她仍是一位「乖寶寶」。

「孩子們個性變化多端，原來有時候讓其他志工來，也是個辦法！」但在智茵的眼裏，楊逸斌終究是一位很溫柔的大哥哥，她寫下心中的話，表示「在有小斌哥哥的地方，會有很安心的感覺。」

歷文是個善於聊天的孩子，和哥哥歷哲的感情很好，有時候一搭一唱相互附和，彷彿相聲一般就是很逗趣。當靜默的楊逸斌碰上有趣的歷文，竟然能在尷尬的處境中，產生一些互動的火花。

歷文的功課算是不錯的，反應也算快，就是嘴巴很調皮，說話常繞圈子，拐彎抹角。有一次，志工對歷文說在課輔班久了，怎麼講話愈來愈油條？歷文就反問楊逸斌，「油」是什麼意思？令他哭笑不得。

在歷文眼裏，楊逸斌就像是他的第二個哥哥，除了功課以外，還會跟他說一些做人處事的道理。讓他在升上國中的時候，有一個可以聊天解惑的對象。

「碰上歷文也讓我有些轉變！」由於歷文開朗的個性，讓楊逸斌即使下班後拖著疲累的身體來課輔班，也想要表現出好的一面，給歷文做做好榜樣。

同時，歷文也可以說是一位關鍵人物，讓楊逸斌逐漸累積經驗，在面對孩子各式各樣的問題上，怎麼給予適當且正面的回應。

這幾年下來，幾乎所有課輔班的孩子，楊逸斌都曾陪伴過也叫得出名字，對於孩子的個性與課業狀況都能掌握，從這些孩子身上看到也學到自己不足之處。

莫非是菩薩派來的

個性害羞的楊逸斌，擔任志工以來僅願意在幕後當個小幫手，始終不願意上臺分享。在江柑努力不懈的請託下，才願意貢獻出他的「第一次分享」。

熟悉化學領域的楊逸斌，準備的題目是「反式脂肪對身體的危害」。人們平時喜歡吃的薯條、油條、甜甜圈與洋芋片等油炸類食物，香、酥、脆的口感令人愛不釋手，但裏面卻可能含有一種無法代謝的元素稱為反式脂肪。

楊逸斌希望藉由分享讓孩子們知道，油炸食物可能成為隱形殺手，危害我們的身體健康。「喔！原來是這樣啊，但看到薯條還是很想吃耶。」孩子們提出問題，楊逸斌回答，「那就不要看，就不會想吃了。」大家哄堂大笑，留下一堂深刻的分享。

「小斌，很悶、一板一眼、不苟言笑！」志工簡羚茜如此戲稱。萬聖節的活動設計關卡，分明是歡喜的節慶，當關主的楊逸斌卻正經八百地拿出地球儀，要孩子指出臺灣在哪裏，才過關給糖，隊伍因此大塞車。

「其實小斌是為了讓孩子知道臺灣原來這麼小，世界原來那麼大啊！」簡羚茜至今回想起楊逸斌臉上一板一眼的表情，仍是拍案叫絕。

「即使每次下班後都一身疲累，但他幾乎不曾缺席過。」在志工陳晉煒的眼中，楊逸斌是相當樸實的年輕人，每週兩次的課輔，連戶外參訪活動都全勤支援，毅力著實令人佩服。「他耐得住平凡且日復一日的日常，低調而不宣揚地實踐，日日如常，帶給課輔班一股穩定的力量。」

「逸斌是慢熟型的男孩。」同是課輔志工的陳婉婷，認為他雖然不大容易與大家熟絡起來，但個性穩定，總是低調溫和地維持秩序，從來不曾對孩子發脾氣，是孩子最好的陪伴者。

他還會親筆寫信給學生，鼓勵學生成為精通多國語言的大廚，更提醒他到餐廳打工要小心地面溼滑，心思細膩由此可見一斑。

「每次下課前帶領大家祈禱，變成他固定做的事。若有新老師來，也樂於成就新人，主動讓出課輔的學生，而他改去安撫好玩、好動的學生。從幼稚園到高中的學生，通通都『罩得住』喔！」

三年半以來，楊逸斌至今沒說出是誰帶他來到課輔班，江柑笑稱：「只能說小斌是菩薩派來幫我的天兵天將吧！哈哈哈！」

點亮小小燭光——黃至毅

文—杜紅棗

「教育不應該是倒滿一壺水，而是點亮一根蠟燭。」聽完嚴長壽主講〈教育應該不一樣〉，黃至毅決定為弱勢孩童盡一分心力。

「教育不應該是倒滿一壺水，而是點亮一根蠟燭。」坐在臺下聆聽演講的黃至毅，有如被當頭棒喝。

他思索著，教育並非只是將知識灌輸給下一代，而是要將希望傳承下去，點亮每根小小的蠟燭，才是教育的本質與真義。

接著又聽到演講者說：「教育不是一個後照鏡，教育是一盞探照燈，照向前方路的時候，要能看到自己的未來。」這句話給黃至毅的震撼更大了。

那天，慈濟關渡園區靜思書軒邀來嚴長壽主講〈教育應該不一樣〉。演講結束，黃至毅也想為弱勢孩童盡一分心力，志工得知他住三重，便告知當地有個新芽課輔班，請他留下個人資料，再請人與他聯繫。

「學生時代，我就對數學特別感興趣，也常輔導親友的小孩。」一九八三年出生的黃至毅，畢業於高雄的國立大學，從家鄉臺南永康來到臺北工作。

課輔班志工陳婉婷很快就打電話聯絡上黃至毅。二〇一一年七月十一日，在資訊公司擔任程式設計師的黃至毅，下班後急忙用了晚餐再赴約。

來到課輔班，他看到的是一個住家騰出來的空間，志工老師與小朋友一對一教學。「課輔班為志工老師備有晚餐，以後下班就來這裏用餐喔！」負責人江柑告訴他。

自此開始，黃至毅下班就騎著摩托車來到課輔班。「我大部分教國中數學，課程內容隨小朋友的理解能力做調整，盡量教到他們懂了為止。陸續輔導過的小朋友有三十多人，看到他們逐漸有了進步，自己也很開心。」

耐心多一分，智慧長一分

「剛開始，至毅讓人覺得比較冷靜內向，待他對環境熟悉之後，就善用他的資訊專長，推薦他接手課務規畫。」陳婉婷負責課務規畫已經超過兩年，在她和江柑的協助下，黃至毅慢慢了解如何安排課程，學習如何與輔導老師們溝通。

「課務規畫對我來說非常陌生，只能邊做邊學習。」在學期前召開輔導老師會議，統籌課程內容，將志工們的專長、小朋友的需求一併納入規畫。

有幾次必須上臺簡報課輔班的運作，這對自認不擅言詞的黃至毅來說頗有些難度，「好在有人陪伴助膽。」

與團隊學習、磨合了一段時間後，「現在我能依據每一位輔導志工的專長與特性，讓每一位接受輔導的小朋友都能受到最完善的照顧與陪伴」，這是黃至毅一路走來的心路歷程。

課輔班每學期一次的戶外課程，課輔團隊陪伴小朋友一起看電影、參訪大愛電視臺、參觀動物園、親子互動做環保等；也會結合政府及慈善團體的資源，諸如防災科學教育館教導消防常識、防颱及正確的防震知識、婦幼隊保護人身安全、慈警會有關資訊安全、人醫會的衛教課程及教聯會「無毒有我」宣導等。

黃至毅說：「規畫戶外教學時，帶領小朋友學習搭公車、轉捷運，安全抵達目的地，節省開支的同時，也藉機會教導日常生活注意事項。過程中，有周全的規畫才能達到學習的效果，也避免發生不必要的安全問題。」

每學期結束前，課輔班配合慈濟三重園區活動的主題，上臺表演話劇或手語表演，「我會先去和三重園區的課務組或活動組學習、了解，商討如何合理精簡表演動作之後再教小朋友，希望正式演出時，小朋友的動作與表情都要到位。」工程師精準性格的黃至毅說。

這些對個性較內向的黃至毅來說，確是一大挑戰，他搖搖頭笑著說：「只有本著『經一事，長一智』，從付出中自我成長。」

每學期結束前，課輔班會舉辦一次同樂會；黃至毅回想起當時籌備時的情形，臉上還是充滿了懊惱。

「我們很希望讓小朋友發揮想像力，留下深刻印象，分別和各組討論表演內容，當時說盡好話慢慢溝通，小朋友還是無理取鬧，就是不願意移到大教室。我氣得大聲斥責，之後雖然任務完成，卻非常懊悔，檢討自己應該多一點耐心與智慧，讓過程更圓滿。」

生活禮儀，人文教育

課輔班的輔導對象都是慈濟照顧戶的孩子。黃至毅與課輔團隊會不定期安排輔導老師配合訪視志工做居家關懷，了解小朋友的家庭狀況。「曾經看到一個小朋友的住家非常髒亂，整個房子堆滿垃圾，甚至連人走過去都很困難。」黃至毅說。

取得家長同意後，一行人開始協助打掃。訪視志工經驗豐富地詢問家長每一件要丟棄的物品，能夠回收的則集中在一起，交由里長代為處理。

打掃過程中，志工適時地教導孩子如何做好居家清潔與收納。打掃結束，志工重新安裝電線，並運來一組上下鋪床組，讓阿嬤及孩子有一個整潔的睡眠場所；還貼心地幫孩子運來書桌及安裝檯燈，讓孩子回到家有一個舒適的空間溫習功課。這一切都看在黃至毅的眼裏，對慈濟的認識又更進一步了。

為了進一步了解慈濟志業，黃至毅參加了慈誠見習、培訓。「慈濟的人文是由真誠的心念，外化為形象。」他盡量不缺席見習、培訓課程，並將所學融入課輔之中，「教導小朋友生活禮儀，也是重要的人文教育。」

培訓時，他認識了志工李豐智，兩人成了無所不談的好弟兄。「他是臺北著名餐廳的業務員，想要給課輔班小朋友一個驚喜，呈請老闆同意，免費招待小朋友吃大餐。」

出發前，課輔團隊先與小朋友取得默契，除了注意用餐禮儀，最重要的是要心存感恩。一位可愛的小女孩代表全體小朋友致贈感謝卡給餐廳的負責人，感恩他付出愛心，讓小朋友有機會嘗試不同的餐飲並學習用餐禮節。

苦難，是滋養生命的沃土

黃至毅來到課輔班，最想感恩的是江柑，「她是一位有愛心、有責任感、有效率、有耐心的長輩，用心把課輔班經營得像個『家』，讓來到這裏的師生都有回家的溫暖。」

黃至毅因為工作關係幾度搬家，江柑都會關心與協助；在工作上無預警被資遣的低潮階段，她也陪伴與鼓勵。「她讓我知道世界上比我辛苦的人很多，要努力重新振作再出發，也更能體會人生在不同階段，遇到的任何事情都可以是滋養生命的沃土。」

二〇一四年，黃至毅離開臺北同時也離開課輔班，大家特別為他舉辦溫馨的送別會，其中包括三年來在課輔班活動的點滴、愛的足跡、大家一起走過的回憶。

從陳婉婷拍下的珍貴錄影中，看到兩個俏皮小女生害羞地相互推讓，一個說：「記得回南部不要太想我喔！」另一個說：「祝福幸福快樂，記得回來看我們喔！」

「因為大家都捨不得至毅離開，送別餐會沒完沒了，辦了一次又一次。」陳婉婷笑著說。

回到臺南期間，黃至毅仍然與課輔班的夥伴們保持聯繫，也常專程回來參加大型活動。二〇一八年七月，黃至毅如願考上公職回到臺北，工作雖然忙碌，但是有踏實感，還可以利用公餘從事志工活動。「有餘力就幫助別人，也是感恩心的落實。」滿足的臉上，歡喜再續家的溫暖。

緣起不滅——葉曉玫

文—葉冠孜

「好像突然明白古代讀書人的心思，總是期待著為世所用。」就讀臺北教育大學的葉曉玫，得知新芽課輔班急徵老師，隨即毛遂自薦。

五點半，尖峰時刻的臺北捷運人潮洶湧，堆擠著她在路網心臟的各色血管中流淌，自棕線底端淌過明紅、叢綠、橙橘的阡陌。「下課鐘一響就扛起書包衝過來了。」嬌小的葉曉玫，總是扛著於她而言過分巨大的書包，在僅能騰出時間的週一放學後奔赴目的地。

「好像在遷徙一樣，我住關渡、在科技大樓上課，三重對我而言是一個很陌生的地方。」課輔班的環境卻讓她感覺很熟悉，整潔、溫暖、不過分肅穆的莊嚴，「就像小時候常去的慈濟分會一樣。」

緣起最初

母親是大愛臺職工，幼時居住在臺中市的葉曉玫比大多數人更早認識慈濟，小學二年級就開始在臺中舊分會（現民權會所）的廚房幫忙。回憶起幼時這段經驗，她忍俊不禁：「比起幫忙，我更像在搗亂吧！但阿滿師姑很包容我，會找些安全的工作讓我完成。」

談及和慈濟的善緣，她略歛起笑意：「我們家有很多深藍色的布製品，環保袋、鞋袋、零錢包之類的，都是深藍色，漸漸地不管買什麼，都喜歡挑深藍色。深藍色讓人感到安心。」於她而言，慈濟藍是一抹早已縫入生命軌跡的安定。

拉開米白色的帆布袋，葉曉玫摸出一個繡著青綠色格紋的小束口袋，小心翼翼地捧在手心裏，上身微傾，隱隱護著那只袋子，那是她與證嚴法師間最殊勝的因緣。

二〇〇七年法師行腳到臺中，清晨，襯著將明未明的曉色，她在上學前擠進臺中舊分會的會客室，想用自己的眼睛，真切地看一看這位日日於電視螢幕前相對的菩薩。

她娓娓說起十多年前初見法師的那天，眼裏有微渺的光，「我本來想，一定要仔仔細細看一看師公上人，可是進去之後根本不敢抬起頭，只能一直偷瞄上人的衣襬。快結束的時候，師公上人朝著我的方向說了一句：『來，我看你很乖。』」她深深吸了一口氣，「哇！當時真的超緊張，忘記腿都跪麻了，就粗魯地站起來。」

法師從身側的箱子拿出一只束口袋遞向她，她轉過頭徵詢母親同意，才接下禮物，「第一次有這麼多雙眼睛盯著我，我聽到好多氣音叫我『打開』，但我太緊張了，竟然直直對上師公上人的眼睛，上人向我點點頭，我才拉開束袋。」裏頭是一顆蘋果形狀的夜明珠，半個掌心大小，上頭浮雕著四個細緻白淨的小字「吉祥如意」。

回家後，葉曉玫一直把法師的祝福放在枕邊，提醒自己，再黑暗的時刻都該保有澄明的心，「師公上人親手遞給我智慧的光，現在我想捧著這束光，去照亮小朋友們。」

際會如期

張曼娟曾在書中寫道：「有些東西不會變。在歲月的河床裏，從記憶的上游，慢慢流淌著，變成一樁樁動人的故事。」

二〇一九年十月，葉曉玫和母親自《人間菩提》節目中聞及三重新芽課輔班急徵老師，已搬至臺北居住的她立刻毛遂自薦，找到了江柑。「我當時很興奮，急切地想要加入課輔班，因為從小到大所有的善舉都是在媽媽的幫助下完成。除了做環保，我幾乎沒有機會真正貢獻自己的氣力回饋社會。」猶然鐫刻彼時的悸動，她笑：「好像突然明白古代讀書人的心思，總是期待著為世所用。」

初次行動總會落在記憶的最深處，到課輔班的第一天，她就迷路了，「就知道我一定會走錯，幸虧提前偷跑。」簡單吃過江柑準備的飯菜，披上背心、架起桌椅，嘈雜的市場中隔出一方清淨齊整的天地，便是能教人沈下心緒、翻開書本的教學現場。

她分外感謝江柑：「師姑很為我的安全著想，知道我住得遠，回家的路特別黑，總是關心我有沒有搭到公車。」恰是這樣的環境令她分外安然，「好像是存入大腦的一種聲音記憶，能喚上一聲『師姑』的地方都讓我很心安。」

葉曉玫陪伴時間最長的學生，是當時小學二年級的可欣。從可欣整齊可愛的衣著與配合服裝風格變換的髮型，可以看出她在家裏受到的照顧與關愛相比其他孩子要來得充足，只是家人無法指導她的課業，才送來課輔班。

初次上課，可欣表現得害羞而乖巧，根據前一位指導老師留下的教學紀錄，葉曉玫替她複習數學，教完一個觀念就讓她練習一道相應的題目。可欣雖不能立時回答，卻能在引導下正確完成，但一個多小時後，葉曉玫出了十道題目確認可欣的學習狀況，愕然發現教學成果幾乎回到原點。

下課後，她向輔導過可欣的老師請益，老師告訴她不要心急，可欣是乖巧且願意向學的孩子，多重複幾次重要觀念、保持耐心，必會見到成果。

一個星期後，可欣學過的內容已悉數回到原點，幸而葉曉玫已有心理準備，沈靜心緒再次投入教學。接下來的一個星期，可欣在該單元的學習成果有了顯著進步，能敘述重要觀念，題目練習的正確率也達八成以上。「我超欣慰的，比自己學會還開心。」

然而，這樣的狀況持續反覆，這讓葉曉玫有些沮喪。江柑看出她的焦慮，與她分享了課輔班成立的初衷，「課輔班最主要的目標是陪伴，讓孩子們有個可以念書的地方，不會變壞。」

江柑的話讓葉曉玫舒心許多，她開始留意可欣的興趣，可欣的字很漂亮，又喜歡畫畫。葉曉玫回想著自己小時候喜歡的人像繪，畫了個女孩在可欣的圖畫紙上，「她本來就很乖，但那時我才真正感知到孩子學著他們喜歡的事物，那分喜悅有多麼明顯。畫畫的時候，可欣的眼睛都是亮的。」

葉曉玫說，比之在大學裏學習到的策略與教學內容，課輔班於她而言最難得的，是老師們懷揣著的同理心、包容與源源不斷的耐心，這是課輔班予她最珍重的砥礪和成長。

重當「保母」——林美雅

文—郭寶瑛

一開始，林美雅就有「落跑」的念頭，因為這些孩子的原生家庭都有缺陷，以致問題重重，她懷疑自己是否有能力輔導他們。

「我是被這些孩子推著走的，為了陪伴他們，先去當慈少隊輔，才來當課輔大姊姊。」幾年前，林美雅開始關懷洪姓一家人，八十多歲的洪阿嬤癱瘓，長年臥床，生活均需假手他人，房子也是租來的。令人不捨的是，她有兩個孫子智能不足，幸好小孫子正常。

林美雅記得初訪時，洪先生顯得急躁不安，令她擔心訪視能否順利進行；還好洪太太出面，和幾位志工聊起家庭狀況。

之後，他們常利用晚間關懷，漸漸有了互動和了解。林美雅察覺洪家夫婦把希望全寄託在小兒子家豪身上，使得家豪壓力頗大。她想尋找一些資源來協助家豪，輾轉打聽之下，得知三重有個免費課輔班。

起初，洪家對孩子的保護性很強，擔心往來課輔班的交通問題。經過溝通後，第一次是由洪太太帶著家豪搭公車，和林美雅會合後，再一同到課輔班；下課後，由洪先生騎機車載家豪回家。之後，家豪已熟悉路線，就讓他自己搭車。

下班後當「保母」

二〇一八年九月，讀國一的家豪進到課輔班，沒多久，林美雅就來這裏當「保母」。

之所以說是「保母」，是因為林美雅主要負責陪伴低年級或幼稚園的小小孩。複習功課、看童書、說故事、畫圖、捏陶土、玩跳棋等，雖然好像都是遊戲，卻需要媽媽的耐心和愛心。

一次，一個小女孩趴在桌上睡著了，可愛的模樣令人疼惜。江柑說：「這個讀幼稚園的女孩，媽媽離家，爸爸要照顧她和哥哥，又要工作賺錢奔波，根本無暇顧及生活衛生，有時候孩子身上的衣服好幾天沒換，看了真是捨不得啊！」

一個小男孩，上衣前後面穿反了，就來課輔班。江柑表示：「這些孩子缺少了愛，生活小細節，沒有大人的關愛和教導。」

林美雅坦言：「其實來課輔班一次後，我就有『落跑』的念頭，因為這些孩子的原生家庭有缺陷，以致孩子問題重重，心裏雖然不捨，卻懷疑自己有否能力輔導他們。但是想到一句話，『孩子的希望在教育』，就這樣硬著頭皮，鼓勵自己撐下去吧！」

林美雅在新莊一家電子公司上班，固定每週三，下班後騎機車來到課輔班，來做自己喜歡的事。她說：「既然決定要做，把時間挪出來，就不會很趕，也不會覺得累了！」

她的妹妹是小學老師，提供了一些淘汰的注音符號圖卡。林美雅仔細地整理乾淨並一一護貝，帶至課輔班，輔助低年級孩子教學使用。

用心剖析問題

在課輔班當志工，就好像媽媽一樣，關心孩子生活各方面。課輔方式採一對一進行，無固定對象。

她較多的時間是陪伴嘉云小妹妹，這又是另一個故事。

這孩子讀小學一年級，有些小聰明鬼靈精，隨著父親入監的三個表兄弟一起來課輔班。嘉云的三個表兄弟是慈濟關懷的個案，由阿公帶他們來課輔班，嘉云和他們同住後自己跟著來。

江柑一次家訪時，得知嘉云還有一個弟弟，父母離異，嘉云和弟弟歸賣彩券的媽媽撫養，姊弟倆常託給外公、外婆照顧。

在課輔班，嘉云和讀大班的以真感情很好，經常玩在一起，卻都喜歡挑老師。但江柑的原則是：「我不給挑，不能讓孩子養成不良習慣。」

林美雅印象深刻，曾經帶嘉云去外面單獨「聊天」。江柑回應說，那次我看到這個情況，覺得處理得很好。

那天，嘉云很不專心，一直鬧著脾氣。林美雅說：「說實在話，我情緒有些受到影響，立即將她帶離座位，走出教室到門外。不過態度還是維持柔和，孩子也乖乖跟著我。」

林美雅一一剖析孩子的問題，嘉云起初慢吞吞地回答，後來就慢慢恢復往常，講起家裏的事情。

十來分鐘後，林美雅看孩子已經穩定了，說道：「好！我們進教室，你要好好拼寫注音哦！」

爾後，嘉云的態度逐漸穩定，還會說要找「美雅大姊姊」呢！

有互動有進步

家豪，就是被林美雅送來課輔班的男孩，安靜清秀，和智茵十分友好，都喜歡畫畫，而且畫得很不錯。一次，智茵的學校要義賣，兩人一起合作努力完成畫作。

林美雅讚歎道：「一年多來，我看到家豪的學習態度有顯著進步，還會主動幫助年紀小的孩子。更高興的是，他會笑了，也會打招呼，還會和人聊天呢！」

「他畫圖畫得很開心，回去還和媽媽分享。」林美雅強調：「所以要走入人群，有互動，才會進步。」

江柑分析，這是因為家豪來課輔班，每次都看到林美雅也在這裏，距離愈拉愈近，感覺就愈親了！

以前志工去家裏關懷，家豪都在房間裏不出來；但現在洪太太只要說「美雅大姊姊來了」，他就會出來打招呼，很有進步。

每天家豪回到家，要面對客廳裏臥床的阿嬤，兩個哥哥中、重度智能不足，卻經常拌嘴，家豪不時得充當和事佬，真是難為小小年紀的他。

洪先生在貨運行上班，每天中午一定趕回家，為臥床的老母親餵食及換尿布；洪太太雖也工作貼補家用，但一家六口的生活擔子仍是沈重，幸好有政府和慈濟長期關懷。

長久下來，洪先生看到志工對孩子的付出，互動時已比往日溫和許多。

一切都是好因緣，林美雅回想更早之前，為了洪家大兒子柏榮的一句話，「我可不可以參加慈少班？」「慈少」是針對國、高中孩子的人文養成團體。

就這樣，林美雅一頭栽入慈少班擔任隊輔，為的是陪伴柏榮，而且一當就是三年。

林美雅說明，一位慈少隊輔陪伴六個孩子。通常她都坐在柏榮旁邊，其他孩子也要照顧，該教的要教，該做的要推動去做；同時觀察每個孩子的資質，適時鼓勵他們上臺分享等。

「我真的是被這些孩子一路推著走，但其實受益的是我自己，過程中不斷成長、提升自我。」她說：「做的同時我也提醒自己，遇到任何關卡，都要硬著頭皮，勇敢走過去。」

記憶中的溫暖——王正熙

文—李錦秀

每當王正熙站在姊妹倆的身後，注視著她們練習「筆順」，心中就充滿著喜樂，因為自己彷彿化身為四十年前的小學老師，手把手地教孩子寫字。

一波波下班人潮，耳邊呼嘯而過陣陣摩托車聲，經過五光十色的商店，王正熙以小跑步拉緊步伐，趕往三重新芽課輔班。出發前，他先陪伴八十多歲的媽媽去醫院復健，之後才安心赴約。

「我沒有摩托車，都是騎腳踏車來。」每逢課輔班上課的日子，他從公司下班後，搭公車回家，再騎腳踏車，趕著十幾分鐘的路程，來陪伴小朋友。

王媽媽之前車禍重傷，在加護病房住了二十幾天才轉普通病房，又過十幾天才出院，目前持續復健中。

難忘的小學老師

五十多歲的王正熙來課輔班的時間還不算長，期間又因為椎間盤突出需要復健，上課的時間時斷時續。但在斷斷續續陪伴小朋友的日子裏，他很歡喜找到了如同當年小學老師愛護學生的那分心。

王正熙在大專聯考時，沒考上第一志願師範大學，就先去當兵，之後再讀大學公共行政系；目前，在一家民營公司上班。結婚後，有個乖巧的女兒；三代同堂，其樂融融，他非常感恩家人支持他去課輔班。

「我除了教他們功課之外，還能給他們什麼呢？」之前，他因為常要復健，沒有辦法陪伴固定的小朋友，就隨時補位；陪孩子聊天，一邊教他們功課，又可以關心他們。

陪伴課輔班孩子的同時，他回過頭來省視自己與女兒的互動方式。「在家裏，我會對女兒比較兇，但對別人家的孩子卻不會生氣。」他想到自己會尊重別人的孩子，為什麼不能用同樣的態度來對待自己的女兒？

「耐心！我知道了！就是要用『耐心』來對待自己的孩子。」

王正熙想起國小三、四年級時，班導師除了課堂上的教學之外，還會在放學後幫大家補習。記得當年，老師握著他的手，耐心地教他寫生字，那一分母愛般的溫暖，至今仍留在他心頭，難以忘懷。

王正熙很開心地說，直到現在，他與老師還保持著聯絡；有時，他還特意去北投與老師碰面、敘舊。「日子過得好快，已經四十多年了。」

一遍又一遍地教

二〇二〇年新冠肺炎疫情嚴重，課輔班停課。暑假過後的十月初，王正熙開始到府上課，輔導印尼媽媽的一對雙胞胎女兒功課。

妹妹的功課比姊姊好，姊姊就是上課時容易分心。王正熙舉數學減法為例說：十三減六等於多少？妹妹很快就把正確答案寫在作業簿上，而姊姊對於「借位減法」就是學不會。

「同樣是雙胞胎怎麼會差這麼多？」王正熙不解地面對同桌而坐的兩姊妹。他也曾讓妹妹用她的解答方式說給姊姊聽，可是妹妹只會算卻不知道該怎麼解說才好。王正熙一遍又一遍重複拆解數字：十三等於十加三，可以把十「借」過來減六。姊姊的小指頭在桌子底下掐來掐去，小腦袋也左晃右晃著。

當姊姊由小嘴裏說出正確答案時，王正熙鬆了口氣，並深刻地體會到當年小學老師教學精神之可貴。畢竟，姊妹的天賦不同，家裏也沒有人可以教呀！

有一位老師建議他，以撲克牌撿紅點的方法來教學，或許會比較簡單。他從善如流贊同地說：「下次就讓我來試試看。」

「不要上了，我不要再上數學了。」每當姊妹倆坐不住了，王正熙就趕快切換課程為國語課，先掃二維碼讓姊妹倆聽課文朗讀，「你們自己念一遍，再來看課文裏的生字，然後看圈詞。」

姊妹倆乖乖地點頭，複習完畢，接著就是考圈詞；通常，兩人都會錯個一、兩題。

「我最怕罰寫了。」姊姊說，「每錯一題，要被老師罰寫三遍。」

「其實孩子滿喜歡國語的。」每當王正熙站在姊妹的身後，注視著她們練習「筆順」，心中就充滿著喜樂，因為自己彷彿化身為四十年前，那一位難忘的老師。

讓孩子與世界連線——簡羚茜

文—曾秀旭

簡羚茜邀約來自土耳其、厄瓜多、印尼和祕魯等地的外籍老師，與孩子分享各國民俗風情，藉此開闊視野。另一方面，也讓外國人看到臺灣人為孩子付出的面貌。

即使夕陽霞光還映著天邊紅，她也無暇觀賞，只想趕緊回家，心裏盡想著：晚上要煮些什麼菜色？家裏衣服洗了沒……

這是每個星期一，服務於警察大學的簡羚茜，下班後的心情。一到家，她隨即加快速度煮食，與家人共餐後，搭捷運趕到三重；兩個小時課輔後，再返回蘆洲住家。這樣的行程已經三年了，簡羚茜一點都不覺得疲累，反而很開心。

二十幾年前，她赴美求學，當時波士頓剛成立慈青社，常在留學生暱稱蘇媽媽的家裏聚會。

她記憶猶深，「蘇媽媽就像親人一樣，熱情招呼我們這些離家的年輕人。大家相互關懷閒談，彷如兄弟姊妹。雖然身在海外，也能享有『家』的溫暖。」

回臺後，工作、結婚、養育孩子，每天忙得像陀螺轉個不停。直到一對女兒念小學，參加蘆洲親子成長班，她才跟著更認識慈濟。志工推薦她加入外語隊。二〇一七年，臺北市舉辦夏季世界大學運動會邀請慈濟協助，她就擔任外語志工。

一次，無意間在LINE群組裏發現同是警大畢業的陳晉煒。當時已在課輔班服務的陳晉煒，隨即電話邀約她一起投入。

從此以後，每週一固定前往，她說：「大部分負責英語輔導，若哪裏有需要，也隨機補位。」

一開始先生有些不習慣，難免問道：「你怎麼不在家裏陪孩子做功課，反而去外面陪別人的孩子呢？」

簡羚茜就以調皮口氣回應：「你都已經很嚴格管教孩子了，還需要我在旁邊嗎？」

傾聽療癒好藥方

在課輔班，有兩位孩子特別讓她難忘：「晨思不喜歡念書，坐都坐不住，寫一點功課就想玩。他是男生，爸爸幫他隨便綁個馬尾就來班上，指甲又總是髒兮兮，每次一來，都讓他先把指甲剪好再上課。」

簡羚茜堅持：「孩子必須學會照顧自己，若老師一直幫他，將來怎麼辦？儘管他指甲剪得有點歪斜，也要自己剪。」

「其實剛開始看到孩子缺東缺西，自然會想幫他們補齊，像晨思鉛筆盒裏的筆芯都是斷的，他也沒有削鉛筆機。爸爸沒有用心照顧孩子，更別提幫他削鉛筆！」

晨思後來沒有再來課輔班，爸爸、媽媽為了爭取監護權，教孩子在法庭上相互攻擊父母。

「很想幫忙孩子，但我們說的，孩子不一定聽得懂，又怕他表達錯誤反而造成大人間的誤會。」簡羚茜難過地說：「我只好盡量傾聽，讓孩子能說出心裏的苦。」

談到另一個孩子銘安，簡羚茜笑得很開心：「銘安功課不錯，學習能力強，應該是前五名。當時爸爸在服刑，媽媽做家庭代工，三個孩子很貼心主動幫忙，把加工品材料搬到五樓，減輕媽媽上下樓的負擔。」

欣慰的是，上高中的大姊半工半讀貼補家用；銘安也想學大姊，將來有機會打工幫忙媽媽。

後來爸爸出獄了，再見到媽媽時，看她明顯瘦了一大圈，江柑關心詢問，媽媽回答：「就是我們『那個』回來，他和家人太久沒互動，我們都不知道怎麼關心他，氣氛很緊張。」

簡羚茜引導孩子，嘗試以同理心想想爸爸現在的立場，長期和社會、家人疏離，所以在家裏找不到立足點。

江柑、簡羚茜叮嚀孩子們，回家多找機會和爸爸說話，也要多鼓勵爸爸。簡羚茜期盼透過課輔班老師們的幫忙，輔助孩子走向正軌，更能走出生命的黑暗漩渦。雖然有時候事與願違，但她從不耽溺於失望的情緒裏。

「以前在波士頓老人院幫忙時，可能下一次去探望爺爺、奶奶，就發現那一位長輩不見了。」她回想：「那時才發現就算很想幫忙，也不一定都能如願，慢慢學會不要以自己的想法加在他人身上。」

課輔班，不僅輔導課業，也有人文的薰陶，因而開發很多老師的才能。簡羚茜曾帶領孩子們上了一堂特殊課程——冥想。

什麼是「冥想」？

簡羚茜說明：「就是透過音樂或語言的引導讓心靜下來，帶領內心回到放鬆的狀態，有一點類似禪坐；透過放鬆冥想，可以抒發壓力，釋放負面情緒，提升專注力，並給予正向鼓勵。」

此外，還安排記憶力練習遊戲，讓小朋友發揮想像力編撰物品之間關聯的故事，並應用在學業上難以背誦的章節。

西方慶典新體驗

課輔班孩子們也過萬聖節、耶誕節，這是簡羚茜的構想。她在留學時參與過這些活動，就想起讓這些來自弱勢家庭的孩子，認識一些西方國家普遍的節慶，可以更有世界觀，和世界連上線。

她坦言曾擔心：這裏是佛教團體的課輔班，如果辦基督教活動會不會有顧忌？當她鼓起勇氣向江柑說明，沒想到江柑一口答應。

簡羚茜細想，孩子們都會在萬聖節戴上精靈古怪的面具，或許可以安排不一樣的課程。她對孩子說：「萬聖節要戴的不是普通面具，而是大家一起動手『畫鬼面具』，戴上自己畫的面具去要糖果，這樣更有意思。」

孩子們在教室裏，個個拿起五顏六色的彩色筆，在空白面具上發揮，天馬行空畫出自己的創意。但這似乎還是太平凡，需要再加點什麼？

一位老師提出，「玩猜謎啊！」

最後老師們扮關主，孩子們戴著鬼面具來到關主面前猜謎，猜對的能夠拿到糖果。過程新鮮、精采、刺激，孩子們從畫面具、猜謎，又拿到一大堆糖果，玩得不亦樂乎！

「從沒看過孩子這麼開心，我也好高興哦！我只是出些糖果，大家一起發想點子。」老師與孩子們度過一個難忘的萬聖節，簡羚茜再次構思下一個耶誕節活動。

她精心策畫：「耶誕節要交換禮物，唱耶誕歌曲、聽耶誕故事，還有耶誕老公親手送禮物。這才是過節啊！」

她希望每個孩子都能得到喜歡的耶誕禮物，事先讓孩子們寫許願信，告訴耶誕老公公，自己最想得到的禮物。

按照孩子的願望造冊，再請同事們認購，依照孩子的性別及設定好的價格，找出一份適合孩子的禮物。

同事們都很有愛心，慎重地將禮物包裝得很漂亮，並在卡片上署名某某小天使，再將卡片貼在禮物上面。「即使是陌生人的禮物，相信孩子們也可以感受到社會上的溫暖。」簡羚茜說。

簡羚茜把包裝得五彩繽紛的禮物布置在耶誕樹下，耶誕音樂響起，來自奧地利的布蘭德扮演耶誕老公公，紅帽、紅衣、紅褲，就像從耶誕卡片走出來的一樣。

孩子們好奇圍繞著耶誕老公公，布蘭德用不同國家語言，唱著孩子沒聽過的耶誕歌曲，盡心地扮演；孩子們沈浸在愉悅的歌曲中，了解原來世界上有不同的過節方式。接著，孩子們開心又害羞地從耶誕老公公手中，拿到渴望已久的禮物，高興地跟耶誕老公公、耶誕樹和耶誕禮物，一起留下難忘的照片。

最後，簡羚茜發下卡片，請孩子們寫下對送禮者感恩的話，用意在於提醒孩子飲水思源，對人存有感恩心。

「同事之後看到孩子拿到禮物高興的照片，他們都很開心。甚至隔年還有人問會再募禮物嗎？」

只是忙中有錯，曾經發生一件窘事，簡羚茜從名字上錯認一個男生為女生，同事特地買了當下最流行的愛紗公主為禮物，事後才看到照片裏是個男生，因此非常懊惱。幸虧合照當中的孩子笑得很開心，同事才稍稍釋懷。

同在警大服務、受邀扮演耶誕老公公的布蘭德，也由此因緣加入課輔班的陣容。

開闊視野向世界

布蘭德來課輔班後，發現大家對外師的反應很熱烈。「可能因為對外國人有新鮮感，孩子念書比較有興趣，既然可以刺激孩子向上成長，我覺得應該要找更多外國人來參與。」簡羚茜與「友善臺灣境外學生接待家庭專案計畫」平臺接洽，邀約有意願的外籍學生共襄盛舉。

應邀而來的外籍老師，有土耳其的杜永忻、厄瓜多的丹尼爾、印尼的黃家喜和祕魯的羅莎等人。外師會與孩子分享他們的本國文化，讓孩子了解各國民俗風情、飲食習慣，藉此開闊視野。

杜永忻深度介紹土耳其文化，還準備伊斯蘭文化清真寺的小包包，獎勵優良學生，讓孩子們去除對外籍老師的畏懼，並感受世界原來一家親。

簡羚茜深深覺得：這些孩子沒有機會補習，更何況出國。外籍老師可以讓孩子們接觸各種文化差異；另一方面，也讓外國人看到臺灣人為孩子付出的面貌，是雙方面都有意義的收穫。三年來的奔波勞累，看到孩子們點點滴滴的成長，是她內心最甜美的果實。

回到一開始先生的疑慮，簡羚茜總是找機會與家人分享課輔班上的故事，兩個女兒聽得很認真，拿出了很多筆說要送給班上的孩子；而先生，也早已明白她所付出的一切。

不願遲到的「約會」——布蘭德

文—陳美羿

每個星期一晚上，警察大學退休的布蘭德博士有個固定的「約會」，來自奧地利、受邀扮演耶誕老人進而加入課輔班老師的他，可不想遲到。

每個星期一晚上，警察大學退休的布蘭德博士有個固定的「約會」，他不能遲到。

傍晚六點，布蘭德手持一份英文報紙，搭上捷運，從林口長庚醫院站到三重，再轉車到臺北橋站，需要四十五分鐘，他計算得分秒不差，總是準時到達教室。

這個「教室」是慈濟在三重的新芽課輔班，布蘭德是志工老師，教小朋友英文。課輔班有香積志工提供豐盛的晚餐給老師們，雖然是中式餐點，而且是素食，但是布蘭德還是吃得津津有味。

「布蘭德是奧地利人，他的母語是德語。」他的同事，也是接引他來當志工的簡羚茜說：「布蘭德老師用英文寫過幾本書，所以教英文絕對能勝任。」

簡羚茜也是課輔班的志工老師，留美的她希望弱勢家庭的孩子，也能夠有更廣闊的視野。時值耶誕節前夕，她提出邀請「耶誕老公公」來跟小朋友同樂的構想，獲得大家欣然響應。

「我透過我們系主任陳志誠，邀他的好朋友布蘭德來課輔班當『耶誕老公公』，他一口就答應了。」簡羚茜鬆了一口氣說：「我原先擔心的，天主教徒到佛教團體來，他們會同意嗎？」

結果所有的疑慮都是多餘的，布蘭德不但來當「耶誕老公公」，還留下來，擔任小朋友的英文老師。

耶誕老人變老師

那是二〇一八年十一月，簡羚茜跟小朋友宣布，耶誕節的時候，耶誕老公公會送禮物給很乖的小朋友。她要小朋友告訴耶誕老公公，自己有哪些好的表現，希望得到什麼禮物等等。

收到小朋友的信，簡羚茜向同事勸募，依照年齡，以及男生、女生之別，讓同事「認養」。收到禮物後，仔細包裝，並在禮物上貼上小朋友的姓名，當然也貼上贈送者「小天使」的姓名。

耶誕節前夕，大夥兒裝飾了一棵耶誕樹，禮物也擺滿了。耶誕老公公的服裝和白鬍子也是簡羚茜上網買的。當天布蘭德來得早，躲在教室外另一個空間換裝。

「當布蘭德老師出現的時候，小朋友都好驚喜，『嗨』得不得了！因為耶誕老公公是『活生生』的，不是畫報上，或電視上看到的。」那一天，大家一起唱歌、送禮物、分享，過了一個難忘又快樂的耶誕節。

金髮碧眼的布蘭德，不是第一次扮演耶誕老人。他說：「我有幾次受邀在教堂或醫院扮演耶誕老人，分送禮物和祝福。」

有了第一次接觸，當簡羚茜邀約布蘭德來課輔班擔任志工教英文時，他滿口答應，而且全勤。

課輔班是一對一教學，布蘭德的教學對象是就讀國中的歷文。「為什麼是我？」歷文吃了一驚，鬧起彆扭：「給外國人教喔？我不習慣……」

說好說歹，歷文乖乖當布蘭德的學生，平常活潑淘氣的歷文，在布蘭德老師眼中，卻是一個「優秀、安靜」的孩子。

「雖然他不敢在老師面前作怪，卻是一會兒喝水、一會兒上廁所。哈哈！」下了課，江柑要歷文送老師去搭捷運，歷文又起煩惱了：「那您也一起去，不要我一個人送。」

江柑陪了幾次，就讓歷文一個人送。從此一老一少並肩而行的身影，也成為三重靜巷夜裏最動人的一幕風景。

除了歷文，菲律賓籍的娟娟也是布蘭德的學生，老師盛讚娟娟聰明又認真，英文又好，是個難忘的好孩子。

二〇二〇年，因為疫情的關係，課輔班暫停。但是暑假開始，布蘭德還是來到課輔班，為高一的智萍加強英文。「七月天氣很熱喔！老師還是老遠跑來教，真是感動！」

虔誠祈禱，期待再相見

這一天，簡羚茜安排了一個「下午茶」，邀請布蘭德老師再來課輔班聚一聚。聊著聊著，江柑提到為老師慶生的一段往事。

布蘭德每年七月一日到九月一日，是他固定回到奧地利維也納家鄉的日子。二〇一九年六月末，課輔班為布蘭德老師辦慶生會及送別會，因為老師的生日是七月十一日。

這一天，課輔班訂了兩個大蛋糕，由歷文用英文寫了一張卡片，全部的小朋友和志工都簽名。當「生日快樂歌」響起，蛋糕出現，卡片呈上……布蘭德意外又驚喜。

「每年七月回到家鄉，過生日時，都是親友家人一起過。」布蘭德說：「沒想到這一次過生日，人更多，更熱鬧。」

二〇二〇年七月，布蘭德冒著酷暑來教課，大家也為他準備了蛋糕慶生。

江柑打開手機，播放〈祈禱〉，這首歌是課輔班結束的時候，固定要唱誦的。布蘭德非常喜歡，志工老師林孟茹還印了歌詞給他，讓他能了解這首歌的內容。

下午茶結束，臨走的時候，布蘭德希望再聽一次。

「我的心，在靜思中感恩。我的心念充滿虔誠，大家一起來祈禱，從不同角落地點，祈求平安吉祥滿人間……」布蘭德虔誠地，恭敬地聆聽著，或許他把佛教的「祈禱」，當成教堂裏的「聖詩」。

臺灣是布蘭德的第二故鄉，臺灣的孩子，也是他鍾愛的孩子。他說：「如果課輔班重新開始，我一定會再來！」

■來自維也納的英文老師

文—葉子豪

來自奧地利首都維也納的布蘭德，是以德文為母語的日耳曼人，曾在臺灣中央警官學校（現為警察大學）教德文。

「一九七八年，我在維也納大學開始讀漢學，讀了兩年大學部。

之後來臺灣當交換學生。」布蘭德表示：「過去有兩位德國人來中央警官學校教書，一九八〇年他們回國後，學校就邀請我來當德文老師。」

布蘭德表示，當時中央警官學校有學士班、碩士班，但還沒有博士班。而臺灣的法律體系是沿用歐洲的大陸法系，包含民法、刑法等大部分法律規範都以德為師，因此在警大進修的警官們，有不少人會去德國深造。

校方有需求又恰好缺人，於是略通中文的交換生布蘭德，就被延攬成為德文教師。

在警官學校教了兩年書後，他又回到母校維也納大學繼續讀書；一九八五年重返中央警官學校，讀了兩年中文，一九八七年又回到維也納讀研究所。

「一九九〇年四月畢業，拿到歷史碩士。接著一九九一至一九九四年我在臺大讀歷史。」布蘭德說。

來來去去的留學生涯，布蘭德無法用三言兩語交代清楚，不過緩慢卻不失流利的中文對話能力，卻透露了他的學術涵養。

他碩士論文的研究題目：《十六世紀的西班牙、葡萄牙與中國》絕非等閒之作，不僅要懂西班牙文、葡萄牙文、荷蘭文等其他歐洲語文，還得要具備閱讀中國文言文的能力，通曉大明王朝史事。

布蘭德的學術專長，除了德文、歐洲歷史與文化，也深入臺海兩岸的歷史，他的最高學歷是維也納大學的漢學博士。

學貫中西的布蘭德跟臺灣有緣，也因此返回中央警官學校後，就成為德文與歐洲史的專任教師，從一九九八年一直任教到二〇一三年退休。

或許是因為日耳曼民族一板一眼、外冷內熱的民族性使然，布蘭德並不像臺灣人較常接觸的美籍人士一般，很快就能與本地人打成一片，在職時和學校同事的互動也不是很熱絡。

二〇一七年底，同在警大任職的課輔志工簡羚茜，卻看中他的語言才能，把他引進課輔班，成為外籍老師群的一分子。於是布蘭德就從警官們的德文老師，搖身一變成為國中生的英文老師。

布蘭德說起自己研究、教學的經歷，莫說十幾歲課輔班的孩子，就連前來教孩子的其他老師們，當時可能都還沒出生呢！

這個轉變看似劇烈，但教學經驗豐富的他卻是「老神在在」，並不覺得有什麼困難。畢竟歐洲有著共同的文化、信仰，各國語文、字彙的相似度高，甚至比國語、閩南語、客家話之間的關係還「親」，而英文恰是眾多歐洲語文中相對簡單的一種，他都能用英文寫論文了，教基本的英文，不是太困難的事。

「Father（英文，父親）跟 Vater（德文，父親）很像。英文的 THE，在德文就分男性用 DER，女性用 DIE，複數則都是 DIE。」布蘭德解說了德文相對於英文的「博大精深」，也解開何以在某些舶來品中，「DIE」這個令人感到有點怪的字母組合不時出現的緣由。

「英文比較簡單，西班牙文、葡萄牙文比英文複雜一點點，德文比西班牙文、葡萄牙文更複雜，但俄文比德文更複雜。我也讀了三個學期的俄文，可是沒什麼結果。」

加入課輔團隊後，布蘭德在每週一晚上七點準時來到三重的教室，教小朋友英文，直到八點半或九點。

「我覺得他們的英文非常好，我問他們問題，大部分都可以回答，說話、看書都不錯。」相較於一般人對弱勢家庭子弟學業成績不佳的擔憂，布蘭德反倒沒有這種「刻板印象」，對學生們樂觀以對，或許也是他可以一做一整年「全勤」的原因吧！

布蘭德在課輔班發揮了自己的良能，儘管因為語言、文化背景的殊異，他不像其他老師可以深入學生的心理與家庭，但他的陪伴，已讓接受課輔的孩子感到不孤單。

退休的布蘭德生活非常單純又規律，每個星期一晚上來課輔班；每週三到誠品書店看看新出版的外文書或雜誌；週四去教堂「唱歌」；週日望彌撒。平常日子在家就是看書、喝咖啡、散步。「我喜歡臺灣！」他說臺灣的物價穩定，食物又美味。尤其是臺灣的水果，他細數芒果、柳丁、木瓜、香蕉、鳳梨……又便宜又好吃。

「我的國家有蘋果、葡萄、桃子、堅果……」布蘭德說：「臺灣夏天太熱，但是維也納冬天比臺灣更冷，會下雪。」

布蘭德除了夏天回維也納避暑，大部分時間都留在臺灣。在臺灣住了三十年，「他鄉」也成了「故鄉」了。

能給予的最大禮物——羅莎

文—蘇芳霈

來自神祕古國祕魯的羅莎，來到臺灣學習並有緣加入課輔志工，在這裏，她認識很多善良、溫暖的臺灣人，也陪伴背後有著無限辛酸的孩子們。

煙火樹，花開極致時節，在隆冬。紫紅色花梗布滿枝頭，白燦燦的花齊放，就像要沖飛出去了般，令人驚豔。它的葉子墨綠，予人性喜沈隱之姿，不料一開花竟是如此耀眼奪目的美麗！來自祕魯的羅莎給我的印象也如此樹，予人「靜如處子，動如脫兔」的感受。

她身著墨色上衣與長褲，上衣有白色圈圈線條，很是特別，她來自氣候多變而又神祕的古國——祕魯，我望著她的眼睛，彷彿那裏也藏有謎般的故事。

「那圈圈圖騰好像祕魯納斯卡線裏的 Spiral（螺旋）線條」，我看見她眼睛亮起來，她說：「是啊！祕魯（PERU）字母『P』就象徵納斯卡線的螺旋形狀。」這件衣服是她從祕魯帶來，只在特殊場合穿上。這樣的羅莎讓人感覺極其心細，對自己國家有強烈的愛與歸屬感。

二十八歲的羅莎，出生成長於祕魯的首都利馬，是一個靠海的城市，而城市周邊竟圍繞著廣大沙漠，利馬坐落於沙漠邊緣綠洲，終年不下雨，四季如春。

羅莎擁有一個溫暖和睦的五口之家，慈祥的父母和一兄一弟。她從小讀書優秀，除了母語西班牙語，還花了五年時間讓英文念得字正腔圓，連老師都被她展現的毅力折服。此外，她同時學習了中文和日文。

她很喜歡看日本動畫，例如美少女戰士、數碼寶貝、七龍珠、犬夜叉、櫻花卡牌手等，她如數家珍。由於動漫的關係，她開始學習日文，並對亞洲文化感興趣，例如音樂、時尚、美食、遊戲、日文、中文產品，武術繪畫等。

高中畢業後，她進入祕魯雙語大學讀書，但是這段時間的學習讓她進入極為矛盾的狀態。

一開始她決定學習法律，因為當律師能讓她的父母引以為傲。學習了兩年半的憲法與民事學問之後，她沒有自信能當上律師，父親建議她轉到另一所大學念翻譯和口譯系，她對此感到害怕不安。最後仍留在原來的大學，並改讀人文傳播學系。

學校提供良好的語言學習環境，她可以再度加強外語能力。雖然學習中文確實十分艱鉅，但她仍於二〇一六年以最高榮譽畢業於此學院，獲得最高學術成就獎。

畢業後，她到加拿大想要提高英文水平，才發現自己原本引以為傲的英文發音，其實並非那麼正統，又缺乏寫作能力，她意識到在自己國家那麼多年的學習都是徒勞！一直在選錯大學入錯系中後悔，最讓她心傷的是她沒有做出正確的決定，讓父母失望了。

臺灣學習開啟尋善之路

生命，有時隱於一種銅質的沈默，有時隱到一張畫裏，隱入聲音。我看到扇葵裏的風，隱到露水金煙中。而羅莎有如那股清煙，正走在最美的年紀。

那是一個炎炎夏日，羅莎對語言的一往情深，父母意識到她的潛能，鼓勵她飛行二十四小時過境美國，來到與祕魯相隔遙遠的臺灣島。當時她申請在師大學中文三個月，這對羅莎無疑是個挑戰，過去以羅馬拼音學中文，這次首度實際學習繁體字。

第二度她獲得臺灣教育部華語充實獎學金，再度於政大學中文。但是在臺祕魯領事館只能給她九個月的獎金，她不得不又離開臺灣。羅莎並未因處於逆境而灰心喪志，她在挫折中探索自我，轉為溫暖而寬容，笑納人生一切的那種達觀。

第三度，她接受父親的建議，申請並錄取臺北科技大學管理系，要花兩年時間取得外國學生專班的碩士學位。「家人、父母的支持是成功實現目標的關鍵。這兩年是我在臺灣待最長的時間。」

就在第一年學業結束後，她感到有些茫然。她思考著自身的優勢，可以國際學生身分參加各種免費的文化活動，例如「臺灣寄宿家庭計畫」舉辦的活動。但是第一年她沒能找到有關信息。

於此同時，羅莎意識到在臺灣還有很多事情可以做，她在臉書「友善臺灣－境外學生接待家庭專案計畫」資訊分享平臺看到在徵志工，透過電子郵件聯繫上簡羚茜，引她到「三重新芽課輔班」。在那裏，她融入一個充滿善循環的氛圍，同時認識很多善良、溫暖、心中充滿愛的臺灣人，也陪伴背後有著無限辛酸事的孩子們，為他們講故事、分享她在祕魯的經歷，陪孩子們唱和跳，也教孩子們英文，陪他們做功課。

她理解到「善種子，在福田萌芽展葉」是多麼美好的一件事。

我問羅莎：「在課輔班有哪些印象深刻的孩子嗎？」

她眼睛迷濛，陷入回憶說：「有兩個孩子特別有印象。一位是歷文，他非常調皮，個子高高瘦瘦，他的個性讓我回想起自己的哥哥和弟弟。」調皮的歷文，爸爸往生，媽媽是越南新住民，在社會的夾縫中賺錢養家供孩子念書。

「另一位是智茵，起先以為她是個小男孩，因為頭髮好短。」智茵與姊姊智萍下課後都在課輔班裏接受志工老師的教導與陪伴。

智茵活潑，智萍安靜，可能姊姊比較年長，知道爸爸中風無法工作，一家開銷全是媽媽一肩承擔。

當羅莎了解孩子們背後的苦，紅了眼睛，眼淚直滴下。她同時體會到遠遊他方的孤獨之外，還有語言障礙多層面的掙扎，更憐惜自己父親是一名地質學家，所賺的錢也是全部投入家用，疫情來了之後，父親失去工作，如今全家陷入經濟危機，因此，她與兄弟需要努力開始自己的事業，以便能夠養家。

自北科大取得碩士學位後，羅莎參加了臺南古都的「優秀外國青年來臺蹲點計畫」，彷彿從一潭湖水浮出水面，正睜開迷濛的雙眼，在現實中緩緩探索未來。

然而剛完成了夢想卻無法回家，目前寄宿在好友親戚家裏，企望一份工作機會，好養活自己，並存錢寄回祕魯孝順父母。成為父母的驕傲，是她最大的願望。

在地風情增添璀燦

原本又雨又冷的冬季，今日卻是暖洋洋的溫度，風微微地撫過草地的表面，好像在孩子的臉上輕輕搓揉。白鳥蕉的橙色種子與厚皮香的藕色種子紛紛落在一起。

談及新冠肺炎疫情，羅莎真不知該說是福或禍？研究所畢業之前，她向各所大學和補習班尋找英語老師的空缺，都得不到回應；臺南的蹲點計畫一開始也未被錄取，由於疫情發生，所有在臺灣的外國學生才被教育部、移民局安排一起參加。

蹲點計畫以充分融入文化和生活的方式，促進多元化國際交流。實習生在當地的小學和初中，提供密集的教與學經驗，具有良好的英語學習環境和有效的英語教學方法。整整六個月時間，她分享祕魯文化予來自國際間的學生，也參與臺灣各種藝術、音樂、體育或是民間傳統文化武術（宋江陣）。

她翻開手機相簿，讓我看她在臺南廟宇前武鎗的模樣，煞是得意。眼前這麼秀氣文雅的羅莎另有一顆勇韌內心，她看起來像一朵脆弱的花，但植莖卻是鋼製的。莫非這是印加血統的特點？

在臺南，即使沒有薪水，她依然感恩有機會在農村結識了許多臺灣的寄宿家庭。當臺灣人民張開雙臂歡迎她時，感受到臺灣人民的溫暖與友善。最終，她愛上了臺灣人的慷慨，並與臺灣傑出人士建立了持久的友誼。毫無疑問，她在臺南度過了一段美好的時光，尋找到一場奇妙而無價的旅程。

有如藝術般生命的腳步，一步一衍，流熠存展，發出迥異的光亮，吸引聚攏不同的熱情，未來有我們無以得見的什麼，總往前邁去，每個時間點各得其聲色。

羅莎用人間的溫暖排解心中的苦悶，她走到任何一個地方，就用內心的靈性照亮周圍，她會去發現樂趣，發現生活。

羅莎說：「如果找不到工作，也許這段時間我可以在臺灣做志工服務。即使沒有收到任何費用，至少有機會繼續探索臺灣文化。」

這麼多年來，多次以為生命星球就要爆裂殞敗了，可是父親慈寧的心常能喚回她，讓她收拾破碎與忐忑，繼續行走泥濘的現實。

她覺得自己可以做奇妙、獨特和出色的事情。她也許不是全世界最聰明、最有能力和最富有的人，但是她可以將寶貴時間給予需要幫助的人。「你可以給某人最大的禮物就是你的時間，因為當你付出時間時，你將付出生命的一部分，並且不求回報。」

她像一朵雛菊漉過的靜，開於四季，隨風撒下美美的腳印……她的毅力與善良，一如那抹溫渙不滅的月色。

後記／**孩子應該被善待**

文—陳美羿

車子在西濱公路奔馳，一邊是連綿翠綠的山巒，一邊是無垠碧藍的大海。我放慢速度，靜靜感受車內「久別重逢」的喜悅和感傷。

一對沒有血緣關係的「另類母子」——慈濟志工江柑和王博葦，在失去音訊多年後，再次相見，江柑年逾六十，而那個酷酷的男孩已經長成英挺的青年了。

「你們兄弟被送走之後，就好像人間蒸發，再也找不到了。」江柑說：「每每想起來，我就好難過。不知道你們過得好嗎？」

「我們被送到育幼院，生活才穩定下來。很感謝創辦人梁叔叔和劉阿姨夫婦。」王博葦說：「我也一直很想念您們，謝謝您在我們最需要的時候，幫助我們……」

不必導航，熟門熟路的博葦，把我們帶到大園睦祥育幼院，這裏曾經是他生活了多年的「家」。

「博葦來的時候，是國中三年級，過幾個月就要考高中了；弟弟柏毅國一。」博葦一來，「弟弟」、「妹妹」們一陣歡呼，接著就開心地在籃球場上一起奔跑、投籃……劉緣玉望著他馳騁球場的身影，漾起一抹微笑。

「博葦剛來的時候，一副『我就是被家暴的孩子』，反正沒人愛，沒人關心；住哪裏、睡哪裏都無所謂，你要幫就幫，不幫就拉倒。弟弟柏毅是嚴重受傷的孩子，覺得全世界都對不起他。」

面對不堪的家庭和過往，心中滿滿的「怨」跟「恨」；只有在提起「師姑」的時候，臉上才有了感恩和孺慕之情。「原來您就是他們念念不忘的師姑。」劉緣玉說：「他們生命中的貴人。」

「不敢當，您們才是他們的貴人、恩人。」江柑感動道：「他們在這裏受到好的照顧，還栽培他們讀書，功德無量！」

劉緣玉說：「育幼院的規定，年滿十八歲就要結案。正好博葦高中畢業，考上大學去住校。不過假日他還是會回來，這裏就是他的家。」

黑暗

回程的時候，博葦娓娓談起他的原生家庭。

博葦的父母都是大學畢業，但是因為婚姻、家庭太複雜，兩個人又都有精神疾病。因此打從博葦懂事開始，家裏就是吵吵鬧鬧，不得安寧。「原來家境還不錯，後來媽媽生下姊姊後，不知怎地，乘爸爸不在時，把姊姊給賣掉。爸爸氣壞了，放下工作不管，開著車全臺灣瘋狂地尋找，也登報、找徵信社，就是找不到。」

博葦、柏毅、柏芬三個兒女陸續出生，王家家道一落千丈，房子賣了，只好租房子住，付不出房租，就被房東趕走，所以博葦印象中「一直在搬家」。王爸爸幾乎放棄自己，三天兩頭換工作，甚至長期失業。抑鬱之下，不是睡覺，就是喝酒，喝了酒就發酒瘋，把家裏的東西砸個稀爛。

沒有門、沒有窗、沒有桌子和椅子，因為都被打爛了，吃飯只能坐在地上。「曾經家裏有個小魚缸，被打破了以後，小金魚摔在地上，沒多久就死了。」博葦對小魚的印象很深刻。

「媽媽常帶著妹妹離家出走，一下又回來。」柏毅曾經寫道：「媽媽又離家了，還把妹妹搞丟，現在妹妹被送到寄養家庭……」

博葦讀幼稚園的時候，也被送去寄養家庭，直到上小學才被領回來。他說：「回到家，才知道我還有個弟弟。」原來弟弟也被送到不同的寄養家庭。

小學期間，就是不斷搬家，父母不斷吵架、打架。「媽媽的枕頭底下藏著一把刀，爸爸藏一根棒球棍。」博葦說：「爸爸臉頰上有一道疤痕，就是媽媽砍的。」

父母親一打起來，兄弟倆很有默契，哥哥守在門邊，攔著爸爸，弟弟眼明腳快，馬上溜出去報警。警察對他們這家，也是愛莫能助。

「有時候我們睡著了，爸爸半夜發酒瘋，把我們叫起來訓話。」博葦說：「有幾次還拿ＢＢ槍打我們，簡直六親不認。」

二〇〇七年，父母離婚了。博葦就讀小學六年級，和弟弟柏毅一起被送到新莊的愛心教養院。國中時，博葦兄弟再度被接回家。但是爸爸還是依然故我，抽菸、吃檳榔、酗酒、睡覺。

「我國小換了兩個學校，國中換了三個學校。」博葦說：「住的地方一搬再搬，可以說是居無定所。」

兩兄弟常常沒飯吃，翻東翻西，看見鍋子裏還有一些鍋巴，加點水，就輪流挖著吃。

「為什麼我們會出生在這樣的家庭？」博葦無語問蒼天。

微光

博葦上國中後，長高了，也會跟爸爸反抗。爸爸雖然收斂一些，但是不用肢體虐打，就是用言語羞辱咒罵。尤其是半夜，把熟睡的兒子吵醒，聽他發酒瘋。

「我常常去泡網咖，一百塊錢就可以泡十多個小時，不必在家面對爸爸。」博葦說。

慈濟訪視組志工林律均將博葦兄弟的境遇告訴江柑，看看能否把他們帶到課輔班？江柑去他家拜訪，問博葦來課輔班好嗎？沒想到博葦雖然意態闌珊，還是答應說「好」。這是二〇〇八年的二月。

「博葦國二、柏毅小六，兩兄弟來到課輔班，大家都很歡迎，反而他們都酷酷的。」江柑說：「尤其是柏毅，一碰到他就像觸電一樣，跳起來。更像刺蝟一樣，胳膊一抬，好像要跟人打架似的。」

老師們和大哥哥、大姊姊，還有江柑真誠的關懷和疼惜，兩兄弟感受到了。原來荒廢的功課也有了長足的進步。

他們珍惜來課輔班的機會，因為發現了生命中還有一種叫做「愛」的東西。特別是江柑，只要有困難，找她就可以解決。

「我家被斷水斷電，不能刷牙洗臉，也不能沖馬桶⋯⋯」柏毅打電話求救。

江柑了解後，叫他們兄弟帶衣服來家裏，先讓他們洗澡，吃飯。衣服換下來，洗乾淨烘乾後，再提一桶水回家。這樣持續了一、兩個星期的時間。

社會局提供他們餐券，可以到超商領早餐；平常日子學校供應午餐，但是晚餐就沒著落。訪視組和社工討論後，向慈濟申請專款，讓他們到素食餐廳用餐。每天的晚餐，加上六、日的午餐，這樣兄弟倆的用餐就沒有問題了。

送別

王家爸爸依然故我，領到政府的補助金，就去買菸酒，檳榔。平日裏睡覺，起來就打罵孩子。社會局獲報後，強力介入，要把孩子送到育幼院。

二〇〇八年十一月初，博葦告訴江柑，將要離開的消息。江柑雖然不捨，但是也希望他們有穩定的生活環境。於是利用課輔班上課的時候，師生為他們舉辦了一個送別會。

「每一個小朋友都寫了卡片，祝福他們；還訂了兩個蛋糕，讓博葦、柏毅親手送給老師和同學。」江柑說：「他們還去我先生的辦公室，跟他告別。」

一大兩小站著說話，說什麼旁人聽不見。江柑猜測：不外乎勉勵他們要認真讀書，有空要常常回來，這裏就是他們的家……

十一月十二日，柏毅騎著腳踏車來說：「明天我們要走了。」江柑訝異又不捨，那時正好婆婆過世，停靈在家裏。「來拜拜阿嬤，她以前那麼疼你們，跟阿嬤說，你們要去育幼院了。」

柏毅拜了拜，哭著騎上腳踏車離開。江柑站在門口，也是淚流不止。她回憶說：「柏毅是一步一回頭，我也是哭個不停，直到看不見他的身影。」

第二天，江柑又去他家附近的公車站，想再看他們一眼，抱抱他們。但是一直沒看見他們出現，後來她說：「我好笨，他們是搭專車走的，我在公車站怎麼碰得到呢？」

這一去，一年只回來省親一次，孩子指定要看江柑。兩次之後，就再也沒有回來。

蛻變

睦祥育幼院是任職華航退休的梁建國，和夫人劉緣玉共同創辦的。之前兩人經常到育幼院做義工，後來梁建國意外得到母親的土地徵收補助款，加上兄弟的支持和自己的退休金，以父親之名創立睦祥育幼院，由社工師出身的劉緣玉擔任院長。

二〇〇八年五月二十日立案成功，博葦兄弟十一月十三日就來了。柏毅是第十個收容的孩子、博葦十一。

「我們的孩子背後都有故事，失依、家暴……」劉緣玉說：「我們提供一個完整的家，給他們『愛』。」

博葦轉進來國中時，因為是育幼院的孩子，難免被歧視、霸凌。

有一次和同學起衝突，通知家長到學校。
「你動了手嗎？」劉緣玉問。
「他們動手，我沒有……」博葦回答。
「我們育幼院的孩子不會動手，如果以後再這樣欺負人，試試看！」劉緣玉心正氣盛，不怕那些比她高大的國三生，說：「你們就是和學校，還有我們，以及整個社會為敵。」
那些桀傲的學生乖乖被訓，之後告訴博葦說：「你們劉阿姨好強喔！」
博葦考上楊梅的永平高職幼保科；畢業之後再考上長庚科技大學幼保系。選擇幼保，持續讀了七年，就是因為他關懷孩子，他說：「孩子應該被善待。」
不隱瞞自己在育幼院長大，博葦在大學新生自我介紹時，侃侃而談自己在原生家庭和育幼院的生活。

「我也帶老師和同學來育幼院，有一位趙老師來了一直哭。」博葦說：「我感恩師長和朋友，更感恩我自己，我活得很健康！」

化蝶

大一的時候，一位凱哥開車帶他去找爸爸。那時王爸爸已經回到嘉義老家，在弟弟的店裏幫忙，做的是寺廟的雕刻。

時值中秋節，劉阿姨送了兩盒月餅。當晚博葦睡在工寮沙發上，周遭都是老鼠吱吱叫的聲音。他很感慨，因為知道爸爸在這裏已經睡了很多年。

後來他用打工的錢買了一部摩托車，暑假騎車環島旅行時，再去看爸爸。爸爸說：「憨囝仔，那麼熱還騎車。」

他也回去三重找江柑，看到博葦已經上大學了，江柑喜極而泣。

因為這兩兄弟，就像是他的小兒子一般，母親的心，永遠牽掛著。

說到母親，博葦大學畢業那年，三個兄妹都被親生母親告上法庭，說他們「棄養」。博葦、柏毅和聯絡上的妹妹柏芬，都在庭上陳述，從小在育幼院長大，母親並沒有撫養他們。

庭上當場判決——兒女沒有奉養母親的責任。

博葦說：「母親可能需要那份判決書，好去申請補助吧。我能理解她的無奈。」

畢業之後，博葦如願從事幼保工作，他的信念是「孩子應該被善待」。過年時，他回到睦祥，用年終獎金包壓歲錢給「弟弟」、「妹妹」們。

二〇一九年，父親去世，他回睦祥向劉叔叔借了車，和弟弟回去嘉義奔喪，才赫然發現他還有一個同父異母的哥哥。

「除了哥哥，還有一個被賣掉的姊姊，應該也快三十歲了吧？」

博葦說：「現在我們三個兄妹都很好，希望哥哥、姊姊也都好。」

為了影響更多人，他離開幼保工作，投身做 YouTuber，他自修學習拍攝、剪輯、特效、後製。天分加上努力，成果斐然。

二〇二一年二月一日，「路遙之馬影像工作室有限公司」開幕，二十六歲的博葦有了自己的事業。「當初讓我陷入困境的原因，後來變成推我一把的助力。悲慘的童年際遇，讓我今天更強大。我感恩每一個幫助過我們的人。」

身為三重新芽課輔班的「孩子」，睦祥育幼院的「長子」，博葦有兩個心願：三十歲的時候，要出一本自傳；將來拍一部好電影，請大家買票進去看。

人不能選擇出生的家庭和父母，人生的道路也難免受到傷害、碰到困難。但知道上進，懂得感恩，把遭遇過的困難、貴人提供的資源化為成長的養分，就能走出不一樣的路。祝福——每一個人！

國家圖書館出版品預行編目(CIP)資料

咱ㄟ囝仔咱來教 咱來惜：1對1．愛心課輔班／陳美羿、高玉美等作
初版 — 臺北市：經典雜誌，慈濟傳播人文志業基金會，2021.05
352面；15×21公分
ISBN 978-986-06556-3-6（平裝）
224.515　　　　　　110008008

人文系列040

咱ㄟ囝仔咱來教 咱來惜──1對1．愛心課輔班

創 辦 人／釋證嚴
發 行 人／王端正
平面媒體總監／王志宏
作　　者／陳美羿、高玉美、郭寶瑛、林淑真、徐美華、李錦秀、林佩臻
詹明珠、曾秀旭、潘瑜華、林秀蘭、郭雪卿、王春珠、林綉娟
顧敏慧、廖月鳳、張文黛、郭碧娥、楊明薰、王鳳娥、明　含
陳晉煒、杜紅棗、葉冠孜、葉子豪、蘇芳霈
插　　圖／蘇芳霈
主　　編／陳玫君
特約編輯／吟詩賦　執行編輯／涂慶鐘
校對志工／江　柑、陳婉婷
美術指導／邱宇陞
美術設計／曹雲淇
發 行 者／經典雜誌
慈濟傳播人文志業基金會
112019臺北市北投區立德路2號
編輯部電話／02-28989000分機2065
客服專線／02-28989991
客服傳真／02-28989993
劃撥帳號／19924552　戶名／經典雜誌
印　　製／新豪華製版印刷股份有限公司
經 銷 商／聯合發行股份有限公司
231028新北市新店區寶橋路235巷6弄6號2樓
02-29178022
出版日期／2021年5月初版一刷
定　　價／新臺幣320元